成长

比成功更重要

小帆从美国哥伦比亚大学毕业时与爸爸合影

亲爱的儿子：

当你小的时候，我跟你打球总是让你，因为我希望你比我更强壮；当你上了中的时候，我要你去遥远的学校念书的文密文森就读，因为我希望你独立；当你进哈佛的时候，我要你自己选择科系，因为我希望你决定自己的未来；当你拿到硕士时，我任你休学一年跑去阿拉斯加，因为我希望你自由。

而今，你做什麼我都支持，因为我希望你快乐。

你快乐，我就快乐！

爸"

父亲节刘墉给儿子刘轩的亲笔信

成长比成功更重要

刘墉谈爱育与成长

刘墉 著

国际文化出版公司

·北京·

图书在版编目（CIP）数据

成长比成功更重要：刘墉谈爱育与成长 /（美）刘墉著. —北京：国际文化出版公司，2016.7
ISBN 978-7-5125-0857-6

I. ①成… II. ①刘… III. ①家庭教育 IV. ① G78

中国版本图书馆 CIP 数据核字（2016）第 123616 号

著作权登记号　图字：01-2016-3003 号

成长比成功更重要：刘墉谈爱育与成长

作　　　者	刘　墉
责任编辑	戴　婕
总　策　划	葛宏峰
统筹监制	葛宏峰　李　莉
策划制作	李　莉　陈　静
美术编辑	秦　宇
出版发行	国际文化出版公司
经　　　销	国文润华文化传媒（北京）有限责任公司
印　　　刷	北京文昌阁彩色印刷有限责任公司
开　　　本	880 毫米 × 1230 毫米　　　32 开 8 印张　　　　　　　　　　179 千字
版　　　次	2016 年 7 月第 1 版 2016 年 7 月第 1 次印刷
书　　　号	ISBN 978-7-5125-0857-6
定　　　价	39.80 元

国际文化出版公司
北京朝阳区东土城路乙 9 号　　邮编：100013
总编室：（010）64271551　　传真：（010）64271578
销售热线：（010）64271187
传真：（010）64271187-800
E-mail：icpc@95777.sina.net
http：//www.sinoread.com

谈爱育

education 是 "爱到开心"

给孩子爱的机会　　　　　　　4

别用爱把孩子淹死　　　　　　8

大胆说声 "我爱你"　　　　　13

education 是 "爱到开心"　　17

处罚的艺术　　　　　　　　　22

孟母该不该三迁　　　　　　　26

放孩子飞吧!　　　　　　　　30

妈妈,请别看　　　　　　　　34

家有一老,如有一宝　　　　　38

无违与无劳　　　　　　　　　42

小心攀上 "断背山"　　　　　45

爱他! 少骂他　　　　　　　　49

给儿子:在风雨中成长

食色性也　　　　　　　　　　54

据理力争　　　　　　　　　　57

悲悯的情怀　　　　　　　　　60

我们都是 "人"　　　　　　　63

在风雨中成长　　　　　　　　66

手足之情　　　　　　　　　　69

谈爱育

给女儿：寻个人生的大梦

爸爸总等你归来　　　　　　74

只因为我看到　　　　　　　77

使人惊艳　　　　　　　　　81

会另一种算术的女生　　　　85

寻个人生的大梦　　　　　　90

你懂不懂得爱　　　　　　　94

你是豌豆公主吗　　　　　　98

小心怪叔叔　　　　　　　　102

两个男人的战争　　　　　　107

谈成长

智商篇：你的书里有神吗

谈学习：你的书里有神吗　　　116

谈记忆：如果你长了奇怪的脑袋　120

谈灵感：寻找灵感　　　　　　123

谈读书：读书可以像看戏　　　127

谈潜意识：请小鬼帮忙　　　　131

谈效率：人人可以一石二鸟　　136

谈考试：考场不是刑场　　　　140

谈天才：一目十行的天才　　　144

谈劳逸结合：给脑子进补　　　149

谈成长

情商篇：你准备好发怒了吗

谈幽默：幽默就像太极拳 　　　　154
谈妥协：铲雪奇案 　　　　　　　158
谈发怒：你准备好发怒了吗 　　　163
谈做人：把仇人变成贵人 　　　　168
谈贵人：伯乐与九方皋 　　　　　173
谈公益：老天爷忘记的时候 　　　177
谈责任：你自己决定吧! 　　　　181
谈尊重：被尊重的生命 　　　　　184
谈关怀：微笑先生 　　　　　　　187

逆袭篇：年轻人有探索的权利

谈失败：错是走向对的第一站 　　190
谈压力：战胜压力 　　　　　　　193
谈心态：凡事都往好处想 　　　　197
谈放下：和忧郁做朋友 　　　　　201
谈勇气：年轻人有探索的权利 　　205
谈毅力：人生的"二枚腰" 　　　　209
谈乐观：能笑且笑过一生 　　　　213

许多东西不必说，如同父母对子女的爱，不必多说。只要去爱、去奉献、去关怀、去鼓励、去付出！有良心的孩子多半自己会觉悟。

谈爱育

education 是 "爱到开心"

　　这世上最难了解的是爱,给人压力最大的是爱,造成最多问题的是爱,影响最深的是爱。凡是爱得过多,多到可以把孩子溺死的,都是"溺爱"。

给孩子爱的机会

> 我发现很多孩子的问题，不是出在爹娘不爱孩子，而是因为爹娘太爱孩子。要知道，这个世界上最重的不是恨，是爱；爱是生命中真正"不能承受之轻"。

以前提到我在台北成立了一个青少年免费咨商中心，专门跟有问题的青少年一对一地面谈。当那些孩子来的时候，总有家长或老师陪同。很妙的是，我发现常常跟那孩子的父母谈不了几句话，就不用跟孩子谈了，因为：问题很可能出在大人的身上。有时候甚至只见到那父母的脸，我就可以感觉到了。

对不起！我可能讲得太夸张，更不能把问题推到父母的身上，但事实确实如此。我发现很多孩子的问题，不是出在爹娘不爱孩子，而是因为爹娘太爱孩子。要知道，这个世界上最重的不是恨，是爱；爱是生命中真正"不能承受之轻"。想想，那些参加奥运的选手，为什么平常练习都好好的，偏偏在正式比赛的时候就失常？那些滑冰选手，前一刻在场上练习，三转跳甚至四转跳都轻松过关，为什么真正比赛的时候，会摔得那么惨？四周有那么多国人亲人在为他们加油啊！全国电视机前有那么多观众在为他叫好啊！

相信大家早知道答案了！就因为有那么多人关心他们、把希望寄托在他们身上，造成那些选手没有办法承受压力。怪不得有不少教练会说，真正到了比赛，已经不是体能和技术的比赛，而是谁更能承受精神压力的比赛。

记得有个要参加高考的女生来找我，才坐下就哭，说她不想活了，因为受不了爸爸妈妈的压力。

我问她："他们逼你，非要你考上那些重点大学吗？威胁你考不上，要对你怎样吗？"

女生说："没有！完全没有！他们还让我减轻压力，说考好考坏没关系，尽力就行了。"

我就："那不是很好吗？为什么还说他们给你压力？"

女生一边哭一边答："可是他们用行动给我压力，我每天读书，到一两点他们都不睡，坐在客厅，我每一次回头，就会看见他们好忧郁好忧郁的眼神。隔一会儿，我妈妈就送来一杯牛奶，又隔一会儿，我爸爸就送来一杯果汁。当我喝完，拿着杯子要去厨房的时候，他们两个会一起冲过来喊：'不用你！不用你！你好好念书，我们会洗！'刘老师你说，他们是不是用行动给我压力，我真要崩溃了呀！"

这还只是用"行动"表现爱哟！有多少父母，不但付出，还会不断说："你看！我们这么爱你，为你做这么多牺牲，你要用什么来报答我们？"那压力是不是更大？

各位做父母的人要知道，每个人都好像一个口袋，从小就接受父母师长放进里面的爱，但是到了青春期，他们既然已经想要走向外面独立和吸引异性的注意，当然也就有了"要付出的爱"。而且，他们的口袋里已经装了太多爱，你不让他付出，那口袋是会爆炸的。

大家千万别以为，你不断用爱灌溉，那小树就会长得好。要知道，爱得太多，就好像花盆下头没有孔，却猛浇水，植物是会淹死的。连花盆都要有个洞来漏水，我们能不让孩子有个发挥爱的管道吗？

或许你要问："什么管道？"太简单了！举个例子：你过去给他做早餐，现在他大了，教他做，而且做给你吃。烤两片面包，煎两个蛋，甚至只是水煮一下就成了，再倒杯牛奶，有多难吗？我在美国处处看见孩子为父母做早餐，为什么中国孩子很少做？

不是他不做，是你不让他做，不给他机会做。说得更直接一点，是你剥夺了孩子对你付出爱的机会。

大家要知道，爱这种东西很妙，一个人愈付出爱，愈会去爱。举个例子，今天你参加公益活动，照顾病危的孤苦老人，你端药奉汤甚至帮老人洗澡解手，当那老人死了，你可能伤心极了。你跟那老人完全没关系啊！你为什么伤心？因为你对他付出了许多，你对他有了关爱。

同样的道理，父母如果能带着儿女上厨房，带着他（她）一块去市场，要孩子帮着做家事，起初那孩子一定露出很不心甘情愿的样子，再不然找一堆功课多之类的托词。这时候，你千万不要高姿态，说："好！你去忙功课，我一个人就够了。"要知道，孩子愈不管你，愈不关心你；愈不管家里的事，愈不关心家里的东西，也可以说，他对父母、对家庭会愈冷漠。

如果你看过我写的《肯定自己》，或许记得我曾经要上高中的儿子帮我清理臭水沟、帮我修水龙头。他原先对家里的东西漠不关心，自从他满头大汗地修理之后，当臭水沟又堵住了或者水龙头又漏水了，他就会直摇头叹气，急着再把东西修好。这当中有多大差异啊！

而且大家常说"养儿方知父母恩"，我们当然不能要青少年就去养儿，但是最起码可以要他"理家方知父母苦"啊！偏偏中国父母，几乎个个宠孩子，结果忙死了自己、忙垮了父母，还气坏了双亲。

为什么？因为当你一个人辛辛苦苦，不让孩子帮忙，是希望他能用那个时间好好用功，却极可能发现，他在偷偷打电话，在上网、打电动游戏。这下子，你毛了！大骂、痛骂！说一堆自己有多牺牲、自己有多爱的话（正犯了"爱最好别邀功"的忌讳），然后彼此之间大吵一架，你聪明吗？

更严重的是，当你说不让孩子帮忙，他连油锅热了是什么样子都不知道，有一天出去自己烧饭、到餐馆打工会危险啊！我就在美国，知道有留学生去建筑工地，别人搬木板，一次抬两块，那学生抬一块，却才去一次就扭伤脊椎。原因是，他没搬过重的东西，不懂得使力的方法。还有去餐馆打工的，老板叫他把油锅端过来，那学生抓住油锅就抬，拿到半空中，才发现锅子的把手是滚烫的，锅子里全是热油，撑着把锅放下，两只手都受了重伤。

各位，听到这事，你惊心不惊心？痛心不痛心？

请问是谁造成的？爸爸妈妈、爷爷奶奶、疼他的人造成的！

别用爱把孩子淹死

当孩子成长的时候，做父母的也得成长。不能成长的父母，千万别认为孩子离不开你们，要知道是你们离不开孩子。

这世上最难了解的是爱，给人压力最大的是爱，造成最多问题的是爱，影响最深的是爱。凡是爱得过多，多到可以把孩子溺死的，都是"溺爱"。

其实每种动物都会爱，甚至在孩子小的时候，都会溺爱。

我卧室窗前有棵石楠树，到了春天，常有知更鸟在上面筑巢孵蛋，我总看见鸟爸鸟妈，各站在巢的一边，叼着满口的小虫，争着往鸟娃娃的嘴里塞，吃不下了还硬塞。

妙的是，它们塞归塞，可能有一天，又带着"大鱼大肉"回家，却发现孩子全不见了。这时候只见大鸟站在巢边发愣，不知它心里是什么滋味。

小鸟飞了，因为翅膀硬了，不再需要父母溺爱。

放孩子飞吧

我也见过麻雀孵窝。麻雀娃娃比较差，翅膀硬了还不离开，装成小宝宝，大张着嘴要父母喂。

但是麻雀父母厉害，起先它们还会喂几口，渐渐地，小鸟一靠近，大鸟就躲开，小鸟再黏过去，大鸟啄它，把孩子赶走。

可以说，麻雀娃娃虽然不像知更鸟，能自己"断奶"，但是父母会强迫孩子"断奶"。

第一次断奶

绝大多数动物都懂得断奶。因为如果孩子不"断奶"，非但孩子无法独立，父母也无法过正常的生活。为了生存，老天爷早就给这些动物灌入了"断奶程式"。

只有人，麻烦！

因为人有两次断奶期。第一次妈妈们很容易做到，为了让孩子不再黏着妈妈吃奶，有些母亲甚至会在自己奶头上搽薄荷。

妈妈们为什么能做到？因为这时候她们还年轻，要出去工作、出去活动，要有自由。加上她们的奶水渐稀，为了孩子成长，必须让孩子改吃比较实在的东西。

用溺爱换逆爱

但是第二次"断奶"，就出问题了！

当孩子十六七岁该独立的时候，妈妈们年纪已经比较大，冲力也比较弱，又跟孩子相依十几年，眼看孩子要走，妈妈反而舍不得了。

这时候不再是孩子黏着妈妈，变成了妈妈黏着孩子，她们整天守在家里，不一定是等丈夫回来，而是等孩子回来。孩子晚一点回家，她们就心神不宁；孩子一句顶撞，她们就火冒三丈；孩子半句甜话，她们又心头涂蜜。

问题是，跟别的动物一样，人天生有个力量，要出去独立，闯自己的天下，成自己的家。那些个性强的孩子，碰上不让他"第二次断奶"的娘，难免产生冲突。

于是妈妈的"溺爱"，换来孩子的"逆爱"。

大鹏还能展翅吗

当然也有些一路被溺爱的孩子，已经失去自主的能力，妈妈舍不得孩子走，孩子也舍不得娘。大学四年就算住校，也时时向妈妈报告。假期哪儿也不去，立刻赶回家，黏在父母身边。大学毕业，又躲回父母羽翼底下，每天在家吃、在家住。

没错！这是天伦之乐！这孩子很可能在父母的安排之下成婚，几代同堂，太完满了！

但是也有多少原本可以出去发光发热的年轻人，因此被埋没了；多少可以"扶摇直上九万里"的"大鹏"，连展翅的动力都消失了。

还有许多孩子在外面恋爱，谈一次吹一次，都是被父母拆散。父母没错，在他们眼里，别人孩子永远配不上自己的。但是拆散一次、拆散两次，搞不好孩子错过机会、错过年岁，一辈子守在父母身边。

这种父母称得上成功吗？

孩子还能做什么主

不久前，有位台湾名医，因为医疗事故被责难，在博客上发牢骚，令我印象深刻。

他说他从小就没做过主。大学读什么科系，是爸爸指定的；毕业娶怎样的太太，是妈妈选定的；婚后生几个子女，是太太决定的。他每天待在医院，只知拼命工作，不想回家，因为不知道回家做什么。实在倦了，他对老爸说想出家。老爸居然讲："好哇！我来给你盖间庙！"

给孩子一点自由

再说个我以前在书里提过的真人实事：

一对老夫妇带着未嫁的大女儿过，幸福极了！常说女儿三十多岁还长不大，需要他们照顾。

问题是，在美国的二女儿生了孩子，要爸妈过去帮忙。实在没办法，老夫妇去了美国。但是才半年，因为担心大女儿，二老还是回来了。

大女儿去上班，老夫妇自己拿钥匙开门。还好！一切如常，跟他们出国之前差不多。

但是老先生才上完厕所，就对老太太说："行李先别拆！咱们过几天，还是去美国吧！"

隔不久，大女儿结婚了。

"幸亏我们出国，让她有机会找到这么好的伴儿。"老先生私下对朋友说，"也幸亏我机灵，那天打开水龙头，看见全是锈水，就知道该给女儿一点自由了。"

别误彼此一生

人生百忌，忌溺爱！

当孩子成长的时候，做父母的也得成长。不能成长的父母，千万别认为孩子离不开你们，要知道是你们离不开孩子。

拖孩子走半辈子的父母，很可能被孩子拖累一辈子，而且误了彼此的一生。

大胆说声"我爱你"

这世上有什么比"我爱你"更能包容的话？
只是为什么我们总开不了口，说"我爱你"？

有一天搭美国朋友的车出去，他上幼稚园的小儿子坐在后面，不但用脚踢前座的椅背，而且尖声怪叫，吵得我头都要炸了。

更糟糕的是我这位朋友，会冷不防地对孩子大吼："闭嘴！"因为开车，他不能回头，看来就像是对我或对着高速公路在喊，害我神经更紧张了。

妙的是，他不但喊"闭嘴"，而且会接一句"我爱你"，成了"闭嘴！我爱你"。

"你这是什么意思？既然骂他，叫他闭嘴，又要说你爱他。"我好奇地问。

"我是有道理的。"他一笑，"以前我只喊闭嘴，后来有一天人家问他叫什么名字，他居然说：'我爸爸叫我闭嘴。'我想想不是办法，在孩子印象里，我好像只会喊'闭嘴'。为了改善他的感觉，所以在骂完之后，一定加一句'我爱你'。"接着转过脸问我，"你平常跟孩子说'我爱你'吗？"

我支支吾吾地点了点头："……说，当然说。"心里却想，天哪！我好像从来没对儿子说过"我爱你"。

直到我的儿子写了一本《寻找自己》，里面谈到他在叛逆时期，有一次被我骂了之后，把我送他的玉佩狠狠地砸在玻璃板上，玻璃裂开，把手割伤了。我冲进去，以为他要割腕，把他抱住，滚倒在地上，不断地对他说："爸爸爱你！爸爸爱你！"

我才发觉我说过"爸爸爱你"，是在那么惊恐的情况下喊出来的。

那一幕还清晰地浮在眼前，当我看他双手沁血、浑身颤抖的时候，我还能说什么？我能骂他吗？还是跟他说一番大道理？

什么道理都没用，只有一个道理最是道理——

"爸爸爱你！"

无论我们对孩子的责难与宽恕，或孩子对我们的责难与宽恕，不都是因为爱吗？不也都能在"我爱你"当中得到化解吗？

这世上有什么比"我爱你"更能包容的话？只是为什么我们总开不了口，说"我爱你"？

以前读过一篇有关电影导演林正盛的报道。

这位从小喜爱戏剧，后来虽然做了面包师傅，仍然参加电影编导班，终于在东京影展获奖的导演，提到他拍《春花梦露》的灵感，其中有一段得自他的祖父。

热衷政治的祖父，认为太太应该待在家里，他总以一种近乎"粗暴"的方式，对待自己的"牵手"。

直到有一天，妻子中了风，不能再行动了。老祖父突然改变态度，回头照顾老妻。他骑着脚踏车载老妻去杂货店看电视，喂老妻吃饭，还为老妻洗澡。

林正盛说每次祖父为祖母洗澡，祖母都会掉眼泪。他猜想，这会不会是祖母觉得的"今生最幸福的时刻"。于是，他用这个题材，也可以说用这个省思，拍成了《春花梦露》。

这确实是个值得省思的事，尤其对我们中国人而言。

我们都爱自己的父母子女，可是有几人，真真正正，对着他们说出心声——

"我爱你"？

我们会用唱的，在母亲节唱："母亲、母亲，我爱你。"

我们会用写的，在父亲节卡片上写："爸爸，我爱你。"

我们会用吼的，对孩子瞪着眼睛喊："你知道这都是因为我爱你吗？"

我们会用英文说"I love you"，好像换一种语言，就能减少尴尬，比较不会"不好意思"。

甚至总说"我爱你"的情人，在成为老夫老妻之后，再讲那句话，就成了肉麻。

记得我曾经看过一个漫画，画上妻子问丈夫："你爱我吗？"

"爱呀。"丈夫从报纸后面抬起脸答。

"你真的爱我吗？"太太又问。

"爱呀！"丈夫看着报纸答。

太太还不满意，又追问："你确实爱我吗？"

丈夫突然狠狠地放下报纸吼道："爱呀！"

这个漫画真是活生生地描绘了身为中国人的老公。

不错，把"我爱你"挂在嘴边的洋人，可能有些是假的。但如果你永远不说，又怎么可能是真的呢？你虽然可以用行动表现，在妻子有一天病重时，熬汤送药、帮她洗澡；在父母有一日病危时，跪在床前伤痛欲绝。

只是，那一刻是不是晚了呢？

"我爱你"，这是多么简单又多么沉重的三个字啊，轻松得不用一秒钟就能说完，沉重得许多人用一生去犹豫，终究没有说出来。

古板的父亲，在严肃的表情背后，藏了这句话；辛劳的母亲，在慈祥的眼神后，藏了这句话；青春的孩子，在叛逆的心深处，压抑了这句话。

千百年来，中国人隐藏的这句话，已经可以盖成一座长城。只有如孟姜女，在悲怆的哭喊中，才能把那句话释放出来。

你我的心里、家里，是不是都有这么一堵墙？

让我们今天就把那墙推倒，不再含羞，不再等待，大胆地对我们的丈夫、妻子、父母、子女、爱人，说出那句深藏已久的心声：

"我爱你！"

education 是 "爱到开心"

学子们得到学习的乐趣，因为好学、好奇、
好强，主动学习，那学到的东西才能"入于心"，
学生的潜能、想象力和创造力也才能得到发挥。

都是考试惹的祸

2003 年 6 月 20 号，在电视中看到一个惊人的新闻——

贵州一对双胞胎姊妹，因为高中入学考试没考好，竟然联手用
"毒鼠强"毒死了父母，然后拿着父母的钱到处玩，被抓之后还说
她们经历了从来没有的自由。

接着，我回到台北，打开报纸，又看到一则惊心的报道——

台北县板桥一名小学四年级的女生，可能因为学业压力过大，
出现了圆秃的症状。所幸报纸同一版，还有一则令人欣喜的消息——
一个女生数学考试每次都在零分到二十分之间，总是要补考；参加
大学联考落榜，数学更惨，只得了四分。由于学业压力太大，导致
她重度焦虑，每天不断擦鼻涕，一天能用掉一盒面纸，还不自觉地

把头发拔成圆秃。可是"剧情"急转直下，那位叫傅仪琳的女生后来自己申请到美国的学校，到美国之后，发现大学的数学程度跟中国台湾初中的差不多，她的数学居然拿"A"。接着一路念上去，不但得到加州大学的企管硕士，现在更拿到英国皇后大学的心理学博士学位。

又过了几天，我在台北请两个过去跟我习画的学生吃饭。一个是中国台湾有名的影评人，初中成绩不怎么样，但是五专① 毕业到美国修电影，以优异的成绩拿到硕士，而今已成为金马奖的评委和名剧作家；另一个是初中时因为重度忧郁，由老师带到我办公室，请我辅导的学生，虽然她在初中时成绩很不好，但是因为后来参加跨境学生交换，到美国读高中，七年下来，不但健康快乐，而且成绩优异，申请到奖学金，马上要读研究生了。

再过几天，碰上初中基本学力测验。考试才完，就听不少家长抱怨学测题目太简单，简单到使他资优的孩子考得很惨。

"因为他不相信会那么简单，心想题目里一定有埋伏，想得太多，到后来反而弄错了。"好几个家长都怨这种题目考不出程度。

妙的是，这让我想起离美前，女儿说她数学期末考试，有一题老师没教过，但是去校外补习的同学都会。老师说因为没教，所以不算分。那些会的同学抗议不公平。老师居然回答："如果我算分，变成鼓励你们去补习，才是真的不公平。"

初中学测的题目其实出得很活。看得出主试者希望让学生读活书、不要死背，进而用这"活的题目"逼学校老师把死板的教学方法改掉。

---

① 台湾的五年制专科学校。是指应届初中毕业生直接考入高等学校，接受学制五年的文化素质、专业理论和专业技能的大学专科教育。——编者注

只是，如同那些向我诉苦的学生家长，当他们发现老师教得浅，会不会抱怨呢？当他们发现老师给的功课，孩子们三下两下就做完了，他们会不会不安，会不会怀疑老师偷懒呢？

还有，学校出题的老师，如果出得太简单，不能把别的老师比下去，甚至让别班都被考倒，会不会显得太"逊"？

宁严勿松，宁深勿浅！于是补习班十年增长六倍，老师与家长一起修理孩子。孩子们被修理得早上顶着星星月亮出门，晚上顶着月亮星星回家。因为压力太大，头痛、肚子痛，总是起口疮，拔秃自己的头发，甚至从楼上一跃而下……

请问，这是谁害的？恐怕不止是教育政策害的，也是家长和学校老师害的吧！

在《做个快乐的读书人》里，我举过一个例子——

高中时代，有一天我去台北的新南阳戏院看电影，大概因为被挡到一点点，前面有人把书垫在屁股下；中后方的人更进一步，坐在椅背上。至于我，则跟后面的人一样，站到了椅子的扶手上。

今天的教育不正是如此吗？家长只因为别人孩子补，我家孩子就不能不补；老师又因为多半的孩子都先补了，于是教的时候"随便带过"。结果恶性循环——穷死家长，累死孩子，挤死补习班。

而那一切问题不都是由"戏院里有人把书垫在屁股底下"开始的吗？如果主试者都能像我女儿的老师，只要超出范围，就算大多数学生都上补习班，都会，也不给分；如果主试者总是出灵活而实用的题目，当人们发现"补"和"死背"并没什么大好处，不是就都能安安静静"坐下来"，享受一场好戏了吗？

真正要紧的是，只有这样，学子们得到学习的乐趣，因为好学、好奇、好强，主动学习，那学到的东西才能"入于心"，学生的潜能、想象力和创造力也才能得到发挥。

记得我儿子多年前曾对我说，中文真奇怪，为什么"玩球"（play ball）要说"打球"？为什么"玩钢琴"（play piano）要说"弹琴"？他一直都在打、在弹，直到高二才领悟到：打球的目的不应该是赢别人，弹琴的目的不是跟钢琴对抗。玩！让自己快乐才重要！

可不是吗？我们为什么总逼孩子"苦读"，而不是他们自己逼自己"乐读"？

education是"爱到开心"啊！

让孩子做个快乐的读书人

我绝不能说自己的教育方法最好，只能说我用的是不逼孩子、让孩子自己发挥潜能的"爱的教育"。

一直以来，我都暗自有个目的，就是将美国教育值得我们借鉴的地方在我所写的书里呈现出来，希望大家看看其实美国的教育非但不放任，有时还来得更严格，因为只有在大家守法的条件下，才能谈自由。我也再三提到，自由是以不妨碍他人的自由为前提。当孩子要求自由自主的时候，更应该对家庭和社会负起责任。

我更强调的是，家庭和学校是延伸向社会的，所以既然年轻人到社会上，别人不会为他读书睡觉而关上电视，为考虑他有应酬而不交代事情，他就该学会早早适应在喧闹的环境中读书、在应酬之间工作，甚至在同一时间办好几件事。

我是很宠孩子的人，正因为宠，所以我不会为她读书而关上电视，不会怕有危险而不准她去爬山，更不会怕她受苦而阻止她去"魔鬼夏令营"。

当有一天，她大了，要离开我，我会心疼，但不会心不安，因为我已经早早就把外面世界的门打开，让她看到好的，也见到坏的。

2003年，正近八月八号父亲节，女儿从美国打电话给我，说她得到布什总统的奖状（in Recognition of Outstanding Academic Excellence）。我高兴极了，但是除了祝贺她、赞美她，又笑说："别太得意呦！要知道，如果拿我们的初三数学题给你做，只怕你会不及格。"

父亲节，台北诚品书店的《诚品好读》编辑要我写封父亲节给儿子的信。我写了，信不长，但是颇能说出我对孩子整个成长所抱的态度，把它附在这儿，作为本文的结尾——

亲爱的儿子：

当你小的时候，我跟你打球从不让你，因为我希望你比我更强壮；当你上高中的时候，我要你去远在曼哈顿的史蒂文森就读，因为我希望你独立；当你进哈佛的时候，我要你自己选择科系，因为我希望你决定自己的未来；当你拿到硕士时，我任你休学一年跑去阿拉斯加，因为我希望你自由。而今，你做什么我都支持，因为我希望你快乐。你快乐，我就快乐！

强壮！独立！自由！快乐！
普天下哪个父母不这么希望？

处罚的艺术

　　许多父母处罚孩子的时候，犯了两个最大的
错误，就是：第一，他们要罚，却舍不得，下不
了手；第二，他们会处罚，但是没有一定的原则，
好像随他们的心情好坏来"执法"，让孩子摸不清。

　　我曾提到上高中的女儿，有一天考数学差点儿迟到，急得我太
太在车里直按喇叭。其实这种画面在我儿子上高中的时候更常碰到，
有时候为了争取时间，我急得把他先推进车里，然后再将鞋子袜子
扔进去，叫他在车里穿。

　　据我太太后来说，那时儿子叛逆，总是跟她在路上闹不愉快，
气得她好几次想往马路旁边一停，命令儿子下车，叫他自己走路去
上学。我当时我问她："你这么想，有没有哪次真做了呢？"我太
太摇摇头说没有，还是狠不下心。

　　后来我也问我儿子这件事，问他："那时候是你妈开车，如果
换作是我开车，你猜会怎样？"

我儿子想都没想就说："你啊，你会跟我约好时间，几点出发，到时候我没出来，你一定就自己开走了。"

他说得一点都没错！因为即使后来他大学快毕业了，我都这么对他。记得有一年，我们应某大企业的邀请，父子同台，做全台湾的巡回演讲。其中有一场，我前一天跟儿子约好，上午十一点钟出发，一起坐出租车去机场，搭十二点十分的飞机，赶下午两点钟的演讲。

我十一点站在大楼门口等，儿子没出现，才过五分钟我就自己拦下一部出租车走了。到机场自己办手续、验票，到登机口候机。

说良心话，我虽然是很酷的老爸，但还是不放心儿子，所以一边等一边不断回头看他有没有出现。

他一直没出现，登机了，我先上去，坐定，又盯着机舱门看，巴望儿子出现。眼看空乘准备关门了，我心里是一则以喜、一则以忧。喜的是这下儿子终于得到教训，忧的是明明是父子同台演讲，变成只有我一个人了。搞不好，还会有不少迷他的小女生要不高兴。正想呢，就看到他背着一个黑色的书包，"呼"的一下子，走进舱门，往我旁边一坐，居然气都没喘，还笑嘻嘻地问我："老爸，你急什么啊？这个飞机又不提早飞。"

我说这故事，有两个目的：一个是父爱和母爱是很不一样的；一个是要强调，教育子女有个非常重要的原则，就是赏罚分明，如果你不能把握原则，很可能产生反效果。

说到罚吧，首先我必须承认，虽然我曾再三强调反对体罚，而且从来没打过女儿，但是儿子小时候，我曾经体罚过。

最记得有一回，我骂他，被他奶奶听到了，跑出来劝。我正跟母亲解说儿子怎么不乖，觉得后头有点不寻常，转头发现五岁的小鬼，居然提起一条腿，正作势要踢我，气得我立刻给他屁股一巴掌。只是看在奶奶的面子上，打得不重。

这时候奶奶说话了："你如果是真要打他，就打重点儿！狠不下心、下不了手，不如不打，免得损了你做老子的威严。"

我一直到今天都忘不了那天的画面。因为我母亲对孙子，宠归宠，真要处罚，却有一定的原则，也就是：要罚就罚得像个样子。

许多父母处罚孩子的时候，犯了两个最大的错误，就是：第一，他们要罚，却舍不得，下不了手；第二，他们会处罚，但是没有一定的原则，好像随他们的心情好坏来"执法"，让孩子摸不清。

对于第一点，我在前文提到，必须从孩子小时候教他们自己弄乱的东西自己收拾。起初大人还可以帮他忙、教他，后来如果孩子把玩具摊一地，不收，则可以把他的玩具没收、扔掉或拿去送人。好几个朋友听我这么说，都讲："没收可以，怎么能扔掉？那玩具可是花钱买的。"

在《世说心语1：刘墉处世秘籍》中，我举过例子，有个公司的大老板，平常员工出一点点小错，他都暴跳如雷，训个老半天。但是当有一天，出了大错，他反而平静了，跟全公司的人一起加班，想办法补救。他为什么那样？因为平常"小事大做"是为了要大家警惕，免得出大错。真出了大错，难道还要乱上加乱吗？就算要骂人，也得等问题完全解决之后再说啊！

同样的道理，今天当孩子在大马路上玩球的时候，你可以告诫他，叫他小心来车，甚至因此狠狠处罚他，但是改天如果他真被车撞了，你是急着先救他，还是先赏他一巴掌？

这就是处罚的原则。古人有所谓"明刑弼教"，刑罚的目的是帮助教育。你怕孩子做危险的动作受伤，于是在他不听话的时候处罚他，目的是使他不受伤，你能把他打成一身伤吗？当然不成！所以处罚绝对不可以过分，否则就不是防止他受害，而成了你在"加害"他。

第二点，处罚要挑时候，如同前面那位大老板，小事可以大做，出了大事反而要小做。宁可在孩子小时候不乖的情况下，把他的玩具扔掉，或像孟母断织，把自己织得好好的布一刀剪断，让孩子吓到，也别因为舍不得玩具、舍不得断织，造成未来更大的灾害。

还有一点，我必须说，许多父母在最严厉地处罚孩子之后，又"打在儿女身，痛在爹娘心"，后悔、不舍。于是可能原先因为孩子要出去玩而处罚他，后来变成给孩子钱，说："你出去玩吧！够不够？"结果，做父母的"色厉内荏"，威信扫地，甚至因为"喜怒无常"让孩子难以捉摸，产生更大的问题。

孟母该不该三迁

就算你的孩子没能进好学校，四周全是爱玩的孩子，也不必气馁。你真正要做的是，给孩子制造与好学生接触的机会，并且开阔他们的视野。

在我高中时代，台湾地区流行一句话："来来来，来台大；去去去，去美国！"意思是先考上台湾最好的台湾大学，再想尽办法去美国。那时候真是"留学潮"。尤其进了名校，好像下一步当然就是到美国。我曾经问过好几位早年的留学生，他们在台湾地区很有发展，当年为什么都跑到美国？

答案居然一样："因为大家都走，同班同学跑了一大半，自己也不知道为什么，就跟着一起准备托福、一起申请美读国研究生，出来了！"

人是群体的动物，再孤僻的人都会受群体的影响。当你发现身边一群人突然往同一个方向跑，你能不拔腿跟着跑吗？也正因此，古人会说"近朱者赤，近墨者黑""蓬生麻中，不扶而直"。

环境对孩子的影响真是太大了，这里就来谈谈我们应该给新新人类创造怎样的环境。

因为我应聘到美国大学教书，刘轩在小学二年级，不得不跟着移居美国。刚去的时候，他半句英文不会，为了交朋友，只好学些小魔术，变给同学看。渐渐英文上了轨道，也跟着美国孩子打成一片。可是到星期六下午，当别的孩子都在外面玩时，我的儿子却常常躲在屋里哭。

为什么？因为我要他读中文。

连我母亲都看不惯了，跑来骂我："念英文已经不容易了，还逼孩子念中文，你想把孩子逼死啊！"

那时候我甚至想跪在地上给我老娘磕头，说："中国人不能不会中文。"请她老人家别管。所幸后来我家附近搬来不少中国人，而且有了中文学校。当我的儿子发现不少孩子跟他一样，每个周末都得做中文功课、星期天都得去中文学校的时候，他对中文的排斥就小多了。

人既然是群体的动物，就少不得要"比"，比谁漂亮、健壮、聪明、成绩好，比谁家有钱、享的福多，甚至比谁吃苦、受的罪多。可不是吗？你注意，那些下过乡、当过兵、经历过战乱和灾荒的人，他们聚在一块儿常常吹自己当年吃了多少苦，表示他能熬过来很不简单！

人的快乐与不快乐也常常以比较的对象不同，而有很大的差异。举个例子，今天你只有一只眼睛，可能为此不快乐，但是就算你有两只眼睛，改天把你放在每个人都有三只眼睛的星球，你也会沮丧。

同理，孩子觉不觉得读书苦，或对未来有什么憧憬，主要受环境的影响。如果你孩子所有的同学每天都补习到深更半夜，假日都有繁重的功课，他举目望去，都是跟他一样"悬梁刺股"的孩子，他就算苦，也不会觉得太苦。

相对的，如果像我儿子小时候，一个人在屋里做中文功课，窗外却传来邻居小朋友玩耍的笑声，就算中文功课并不多，他也会觉得"斯人独憔悴"，只有他命最苦。

正因此，重点学校里的老师和设备不见得比一般学校好，学生的表现却可能好得多。因为那里面的学生个个拼命，看书看到天亮，是很平常的事，没人觉得苦。相反，比较差的学校，因为"山中无大木，小草也为尊"，一个孩子没用多少功，跟四周比较松散的同学比起来，就自认为已经很伟大了。

我绝不歧视差的学校，也不认为进重点学校才有希望。我想在这儿呼吁做父母的人，就算你的孩子没能进好学校，四周全是爱玩的孩子，也不必气馁。你真正要做的是，给孩子制造与好学生接触的机会，并且开阔他们的视野。

举个例子，你可以任孩子在假日跟他的同学出去"鬼混"，也可以安排全家去博物馆、艺术馆、科学馆或海洋生物馆。孩子就算因为不能跟他那票朋友"混"，起先不高兴，真去了，他也会觉得新鲜。

结果，你一方面把他带离原先比较松散的环境，一方面让他看了外面的世界，譬如看到博物馆里正在细心做笔记，或者听导览人员解说的其他学生，知道那些展品都来自勤苦有成的作者。加上如果你全家同行，增加了亲子接触的机会，孩子当然在潜移默化中会有改变。这和你穷凶极恶地骂孩子不用功，规定他不准上网、打电话、看电视，只能蹲在家里看书，他却心不在焉，跟你大吵的结果不是恰恰相反吗？所以当父母希望孩子进步的时候，应该先想想自己有没有进步；当大人要孩子用心的时候，先想想自己有没有用心。孩子受环境的影响，家庭是他第一接触的环境。

我也建议学校和老师，与其恐吓学生未来考试有多难、他们的程度有多差，不如把学生带出去，看看好学校的学生在做什么，也看看不同的行业有哪些辛苦，要他们自己想想将来要走的路。

我还要提醒有孩子出去打工的家长，社会的大染缸是充满诱惑的，从正面想，你的孩子可以在打工时早点接触社会，由此立定志向，譬如在医院打工的后来学了医，在律师楼打工的后来选读法律系。但是从负面想，他们也可能因为打工的地方很有意思，交了异性朋友，或受到同事的怂恿，结果放弃学业。所以孩子在哪里打工，大人必须注意。如果你的孩子没什么明显的趋向，却很容易受影响，是那种跟鸡在一起就容易成为鸡，跟老鹰在一起就容易成为老鹰，家长就更得小心了！

放孩子飞吧！

你以为孩子需要你，其实可能是你离不开他。
你活着的时候不放手，可能拖累孩子的脚步；你
死了放手，他们还是得面对自己的世界。

每年暑假按说是度假的时候，但是在美国的华人家庭常常特别
忙。因为很多国内的亲友会把孩子送到美国参加夏令营。

美国人非常重视这种夏令营，其中有由大学主办的学术营，参
加的孩子必须先通过资格审查，跟着大学教授做研究，很多科学奖
得奖的作品都是由那儿产生的。还有一些夏令营专招海外的学生，
一边学英文，一边带着四处参观旅游；又有些是比较专业的，譬如
音乐营，由一些大师级的老师指导。

如果各位看过我写给女儿的文章，应该知道她连着两年上音乐
营。那儿是由农庄鸡舍改建的，又小又热，蜘蛛、蟑螂又多，而且
非常严格。每个孩子一早就被叫起来练琴，还有舍监在门外巡查，
哪个房间没传出琴声，立刻过去敲门警告。所以很多家长说，真是

为了孩子花钱找罪受。

不过我发现很多这种夏令营，是存心让小鬼受罪，甚至可以说是修理小孩的，因为"玉不琢，不成器"。这下问题来了，很多中国家长把孩子送到美国参加夏令营，原本以为是镀金，让孩子好好过个暑假，他们没想到，如果是直接在中国报名参加游学营，当然比较舒服，但是跑到美国的亲戚朋友家，再在美国当地报名参加所谓训练营，就不是那么回事了。因为他的宝贝得跟美国孩子一样，进去锻炼。

于是在那些严格的营地外面常可以看见精彩又感人的画面。只见每个星期五傍晚，孩子回营的时候，妈妈抱着孩子痛哭。当然哭啦！那些宝贝孩子几曾离开过家？现在非但一进去就要连关五天，只有周末才放出来，而且里面不准上网、不准打电话。为此，不晓得有多少家长怨："连每天问问孩子平安都不成，太没人性了！"

可是也妙，如果夏令营是六个星期，头两个星期这孩子还会在离开妈妈的时候哭，后来渐渐只有妈妈哭了，到最后孩子非但没有依依不舍，还兴高采烈地想赶回营里。而且在结束的那一天，舍不得营里的朋友，直掉眼泪。

这时候又有家长怨了："这小鬼白养了，多没良心！才进去没几天，就把我这娘给忘了。"

她说的一点没错。你甚至可以讲，那些训练营最重要的目的之一，就是要孩子离开父母的怀抱，因为只有这样，孩子才能学会独立，人格也才能发展得健全。西方有句名言："你愈早把男孩看成男人，他们愈早变成男人。"还有："你的孩子愈早独立，表示你的教育愈成功。"

只是很多家长不能接受这个观念，尤其是今天都是独生子女的中国家长。甚至孩子都出国上研究生了，做父母的还不能放心。

我有个朋友，人在台北，孩子在美国，她每天在台北的晚上打电话，叫女儿起床；又在中午的时间打电话看女儿回宿舍没有。所以我管她叫作"海外遥控的闹钟跟警卫"。她只要忘了"闹"，孩子就可能因为没起床而缺课；她只要找不到孩子，就要抓狂。问题是她人在地球的另外一边，怎么抓狂？就是打电话把美国的朋友半夜从床上叫起来，帮她四处找女儿，问那丫头为什么深夜不回家。

你说这妈过得多辛苦啊！她的情绪整个被地球另外一边的丫头牵着。有一天，我又帮她半夜找到女儿，原来是去同学家聚会了。那女生不但没感谢我帮忙，还在电话里怨："我妈太神经了，她忘了我明天开始放长假吗？她是追魂哪，还是唤魂？"

她的话让我想起一件事：一个进夏令营抱着妈妈哭的小女生，偷偷对我讲，其实她不想哭，可是看妈妈那么伤心，她不能不哭。

她这话是不是也能想成"因为大人拉着扯着，不放手，我就不能长大"？

各位家长，请别骂我说得太严重。很多孩子确实因为大人拖着，迟迟不能独立。

还有个故事。我小时候，父亲非常宠我这个独子，连我穿的汗衫都是他专程去台北一家名店买的，因为只有在那儿才卖纯丝的小孩汗衫。有一天，他很沮丧地回来对我说："儿子，对不起啊！现在人家不卖纯丝的了，爸爸只好给你买了纯棉的，希望你穿得惯。"

五十多年之后的今天，我还记得清清楚楚，我一边穿，我父亲一边露出心疼的眼神，不断问："这汗衫会不会把你扎到啊？"结果为了他的眼神，我明明觉得棉质的更舒服，还不得不做出奇怪的表情。

就在那一天之后没多久，我父亲病了，一病不起。我的人生就整个不一样了，家里失火，我吐血休学，又搬到违章建筑区。

读完这个故事，你想通了吗？

不是孩子长不大，常常是老一辈不要他长大。你以为孩子需要你，其实可能是你离不开他。你活着的时候不放手，可能拖累孩子的脚步；你死了放手，他们还是得面对自己的世界。

就让孩子独立吧！就让孩子飞吧！

妈妈，请别看

尊重别人的隐私是基本道德。如果你从来不
讲究这些，你的孩子也因为受你影响，不注意这
些，很可能未来进入社会，造成问题。

话说许多许多年前，当手机和电邮都还不普遍的时候，我有位
朋友担任某男生中学的训导主任，为了防止学生交女朋友，他使出
了各种手段。所有由校外寄来的邮件，训导处都要抽查，看是不是
情书。有一天他接到一封厚厚的信，拆开来，全是肉麻的句子。问
题是没写收件人的班级，名字显然也是假的，因为他查遍了全学校
学生的名单也找不到。这训导主任很鬼，他把信重新封好了，钉在
学校门口的布告栏，再躲在远处，看哪个学生会去拿，到时候可以
人信俱获，好好修理。他等了一天，没人去拿，心想学生恐怕还没
看到，于是把信收回，第二天钉回去，再偷偷地看，还是没人拿。
主任还是不死心，第三天又钉出去，等了一天，又没人拿，这时候
有学生来找主任问事情，这主任才答完，转头发现信不见了。

还有个故事！每年到了四月初，美国高中的毕业班学生就会心神不宁，因为申请大学录取的通知单就要寄到了。据我女儿说，常常有同学才下课就接到家里的电话，立刻就跳起来尖叫，想必录取了好学校，但是接着那学生又可能在电话里跟打电话的人不高兴，为什么？因为他怨家里人拆他的录取通知书，那信是寄给他的，别人怎么能拆？就算爸爸妈妈着急，也得等他自己回家再拆啊！

第三个故事也很有意思。有一对母女大吵，跑来找我理论。原因是有一天女儿不在家，妈妈擦桌子，抹布碰到女儿的电脑，屏幕一下子就亮了。妈妈好奇，低头一看，是一首写得非常棒的情诗，心想是哪位名家的作品。继续往下看，才发现是她女儿写给男朋友的。于是骂女儿，两个人吵得不可开交。

女儿说："不管那是不是情书，总之，妈妈不能偷看。"

妈妈则说："不是我偷看，是电脑自个儿亮了，被我看到。"

女儿骂回来："你不看，怎么看到？你看，就是侵犯我的隐私，就是没有道德！"

经过我调解，母女二人总算和解。那妈妈临走时居然对我笑道："我女儿的情诗写得可真好耶！要不要我背几句给你听？"

上面这三个故事很有意思吧？请问你认为谁对谁错？

那防着学生交女朋友，拆信的主任错了？他可是为孩子好哇！打电话告诉孩子录取的爸爸妈错了吗？笑话！那是报喜耶！又或是那妈妈错了？她没存心看女儿电脑，搞不好，她对电脑根本是一窍不通，只是碰巧被她看到了。就好像别人换衣服，她不小心推门，看到了，能说她有错吗？

如果您问我的想法，我要说：那些主任和家长都有错。就算初衷没错，只要侵犯青少年的隐私，就不能说对。好比法律案件，当你非法搜证，就算证据是真的，主审法官也可以不采用。

或许有人要问，明明证据是真的，如果不采用，不是可能放掉一个罪犯吗？没有错，确实可能让坏人逍遥法外，但是从法律的观点，宁可错放一个，也不能让侵犯隐私的行为泛滥，对社会造成更大的伤害。

今天的时代不一样了。过去你可以翻孩子书包，看里面有没有色情书刊；今天他打开电脑点几下，就出现一堆色情网页。过去他交笔友，你可以查信；今天他交网友，一天接上百封，你也不知道。

今天不是不能管孩子，而是要从心理建设下手。如果做父母师长的想尽办法也抓不到十分之一，却可能侵犯孩子的隐私，让他觉得受侮辱，或者因此不再写日记、不再相信大人，甚至也去侵犯爸爸妈妈或朋友的隐私，不是可能造成更大的伤害吗？

看过我励志系列的朋友或许知道，当我儿子到了青春期，我特别为他的卧室装了一把门闩。因为我发现他奶奶虽然会先敲门："孙子，奶奶能进来吗？"却一边说，一边早已把门推开。而青春期的孩子有他们的私密世界，总是提心吊胆，怕有人随时推门进来，潜意识的伤害很可能影响一生。

大概又有保守的爷爷奶奶爸爸妈妈要抗议："有什么不可告人的事，非锁门不可？"那么我要说："请大家自己想想，当你青少年的时候又如何呢？"只要用同理心想想就成了。

尊重别人的隐私是基本道德。譬如进门之前先敲门，如果门已经开着，要出声或放重脚步。当别人正写日记或者是上网写信聊天的时候，你就算要说话，也要站远一点，或站到看不见电脑屏幕的那一边。如果你从来不讲究这些，你的孩子也因为受你影响，不注意这些，很可能未来进入社会，造成问题。

台湾地区近几年的经济情况不太好，但在另外一些方面很有进步。譬如你在台北坐出租车，车上如果有音乐，而你手机响了，司机八成会把音量关小。当你在提款机上输密码，后面的人多半会把脸转开。还有一次，我因为背伤到了去治疗，突然手机响了，只见治疗师立刻冲了出去，我当时还纳闷，问他发生了什么事。他说："因为你要接电话，我应该避开。"

如果您去过日本日光的"东照宫"，一定看过那门楣上著名的猴子雕刻。一个捂着双眼、一个捂着耳朵、一个捂着嘴——非礼勿视、非礼勿听、非礼勿言，这是中国先哲早教给我们的。今天一样，而且因为现代社会变化多，大家要变得更敏锐。现代父母对孩子也应该有更多的尊重，就算孩子未成年，父母师长有理由看他们的日记和信箱，也应该避免。"人必自重而后人重之"，换个角度想，孩子也会因为被尊重，而更知道自重，并且尊重别人。

我们希望有优雅的下一代，让我们从现在开始，就以优雅的方式对待新新人类！

家有一老，如有一宝

他们可能从小就由老人家带，连上下学都由祖父母接送。他们确实比过去任何一代有更多接触老人的经验，但是他们在享受老人照顾的同时，有没有相对的回馈？

我接到一位读者的信，写得很哀伤，因为她的父亲过世了。她在信里头怨自己是外省人，一九四九年爸爸妈妈从大陆到台湾，爷爷奶奶都留在大陆，所以她从小生长在没有老一辈的家庭。她又说好羡慕那些有祖父母的朋友，小时候有老人的疼爱，长大又能对老人尽孝心。每次看见朋友带点心回家，说要给祖父母吃，她都好羡慕，甚至羡慕那些朋友能够经历祖父母的死。

读到这儿，我心一惊，继续看下去。原来她的意思是，如果能够经历祖父母的逝世，虽然伤心，却也做了人生的功课。有一天父母逝世，就比较能承受打击。不像她，突然间父亲死了，完全没有预警，也不曾想到有这么一天，差点儿崩溃。

放下信，我心想，大概只有像她这样深思的人，能够领悟这一层的人生道理。"死"是需要学习接受的，由接受祖父母的逝世，到父母的离开，乃至未来自己必须面对的那一刻。看着一个婴儿的诞生、成长，我们感受生命的历程；看着老一辈由记忆中的年轻，一步步老去死亡，也是感受生命。

所以当我们希望孩子健健康康过一生的时候，千万别忘了教他们从老人的身上学习。学习敬老，也学习面对生命。一个人只有能够了悟生死、接受生死，才能够身心安顿地过一生。

过去人们的平均寿命很短，如果问我们的老一辈，很可能得到惊人的答案。居然很多人在童年就做了孤儿，更别说跟祖父母相处了。

相对的，现在平均寿命比以前增长许多，今天教育新新人类是不是更应该加强"孝"的教育？尤其教他们怎样善待祖父母。

只是，新新人类有没有感受这一点？他们可能从小就由老人家带，连上下学都由祖父母接送。他们确实比过去任何一代有更多接触老人的经验，但是他们在享受老人照顾的同时，有没有相对的回馈？

记得我有一年在大陆，参加了一个有现场观众的电视节目。一个初中的男生抢过麦克风，理直气壮地问为什么他将来要照顾一堆老人，除了爸爸妈妈，还有爷爷奶奶，累死了！

有位大学生也在节目里说，老人家很奇怪，有一次他们凑钱，买了好多食物，到偏远山区慰问老人，那些老人的脾气很坏，居然还挑东挑西，不懂得感激。

我当时心想，那初中小男生居然敢问这种问题，他不怕被电视机前面的爹娘听到，挨骂吗？他不怕爷爷奶奶听到会伤心吗？只是接着读到大陆一本谈亲子关系的书，说有小孩子上学，到了校门口，不进去，非要爷爷反过来叫他爷爷不可。那爷爷只好乖乖地叫了！于是想见，今天大陆因为计划生育，许多老人家捧着中间一个宝贝娃娃，孩子被骄纵得不成样子，甚至失去敬老的美德，根本不在乎老人的感受。

要知道，能够敬老的社会，才显示经济的富裕，如同能够爱护古迹的国家，可以显示文化的成熟。相反，当社会不够富裕时，人们比较难厚待老人。譬如三十多年前，台湾兰屿还很贫困，有一天我去采访，在海边看到一家人，把刚捕上的鱼分成四堆。我就问他们为什么这么做，中年女人指着鱼说："男人鱼、女人鱼、小孩鱼和老人鱼。"其中分给老人吃的，是最差的鱼。

相信大家也听说，早期因纽特人，当孙子诞生之后，祖父母可能自动走向冰天雪地、走向死亡。环境艰苦、食粮不足，为了让下一代能够活命，不得不牺牲老人。

我很幸运，除了我母亲，近二十年，岳父岳母也和我同住，使我学到了很多。譬如我母亲逝世前两年，有时候不知道饱或饿，才吃完，就说她还没吃饭，于是又得给她准备吃的，她又会把东西吃完。我也知道自从我岳父母每天去老人中心上课交朋友，就好像年轻了十岁。正因此，当我在电视节目里听大学生怨老人的时候，会开导他们，试着去了解老人。

直到现在，每次到吃饭的时候，我都会亲自或者叫女儿去请老人家出来吃饭。有一天，我女儿就问："公公婆婆知道吃饭了，为什么还要请？"我说："因为老人家常常会觉得自己老了、没用了，是吃闲饭的，如果你去请他，他会有被尊重的感觉。当老人说他以前怎么照顾你的时候，也要顺着他的话说，'谢谢您的照顾，不然我不可能长得这么好'。因为他提往事，是要你承他的情，在他老而没用的时候还照顾他。你这样回答，他会觉得很安慰，很有安全感。"

当我们教新新人类孝道的时候，做父母的也要检讨，会不会只是表面上敬老，到吃饭的时候，才把老人请出来，吃完饭，又急着把他们扶回房间？我们有没有让老人参与家里的活动，当老人听不见、看不懂电视的时候耐心为他们解说？在老人不想动的时候带他们出去走走？当晚辈放学的时候，进去向老人请安？希望老人长寿，不是只让他们甘旨无缺，更要使他们觉得活着有意思、有价值、有尊严。

今天的中国，因为孩子少，愈来愈走向老年社会，当然愈得加强敬老的教育。只有这样，他们将来才会承担照顾老人的责任。也只有多跟老人接触，他们才能更体认生命的历程，有一天接受自己老去的事实。

基督教《圣经》上说"孝顺的人得长寿"，我要说"因为长寿，我们愈要孝顺"。

无违与无劳

使父母事事合意，且对子孙的未来充满希望。"无劳"则成了"无老"，使父母毫无年老无用之感，而能长寿不老。这岂不就是孝的最高目的吗？

某日我到朋友家做客，主人夫妇和他们七十多岁的母亲，一块儿陪我聊天。谈话不久，我这位朋友突然起身到老夫人面前，低声问："娘！您是不是能为我们煮壶咖啡？"老夫人毫不犹豫地点点头，就转身进去了。

这时我觉得很不安地说："劳伯母为我们煮咖啡，这怎么好意思呢？还是不要了吧！"

"我想你嘴上不讲，心里一定觉得奇怪。"朋友看着我，"你八成责怪我，放太太在旁边，为什么反而劳驾年老的母亲，对不对？"

我点点头。

"我这样做，在外人看是不够孝顺，岂知这正是我尽孝的一种方法。"他笑道，"古人讲孝，要无违、无劳。这当然对，但是而今却有许多人把无违和无劳的意义弄错了。譬如'无违'，是顺从的意思，不违背父母之命，有人固然在家里能做到'父母说什么，是什么；要什么，有什么'；晨昏定省、甘旨无缺。但是在外面却不行正道，与人争凶斗狠、花天酒地、贪污渎职。一旦出事，不但自己倒霉，还殃及子女，祸延父母，这怎能称得上'无违'呢？

　　"再说'无劳'，有些子女，双亲年岁还不大，就派专人伺候，使父母出门必有车，下车必有扶，落座必有茶，伸手必有烟，可以说真正做到了无劳。但是他们是否想到，不使父母有丝毫劳动，反而使老人家的筋骨软弱，抵抗力更差了呢？

　　"相反，有些夫妇二人都在外工作，又雇不起人，而将家庭和幼子交给父母照顾，使得老人家忙里忙外，非但谈不上'无劳'，反而是'有劳'了。但是父母因为家庭和乐，既见子女在外面事业顺利，又见孙子孙女在自己手中成长；既不因年老而自觉无用，反因充满盼望而益发硬朗，这结果岂不更好吗？

　　"所以，'无违'不单在消极方面，要不违背父母的意思，在积极方面，更当做令父母高兴的事。'无劳'不单要避免父母做太重的工作，更当使他们不劳心、不劳神，乃至不觉其劳、自信能劳。

　　"既然如此，'无违'就成了'如愿'，使父母事事合意，且对子孙的未来充满希望。'无劳'则成了'无老'，使父母毫无年老无用之感，而能长寿不老。这岂不就是孝的最高目的吗？"

　　"你的这番话，真是太有道理了。"我说，"可是，这与你请伯母煮咖啡有什么关系？大嫂现在没事，你何不劳驾大嫂呢？"

　　我这位老友神秘地笑了笑，低声道："你应该问我为什么不爱喝太太煮的咖啡，而只欣赏母亲的手艺！她老人家把我从小带大，在她心中，我永远是个孩子，就算而今成家立业，还是离不开她。但我外面的事业，她老人家帮不上忙，所幸我还有两件事情，谁也无能为力，非求她老人家不可，这正是她高兴和得意的地方啊！所以就算我太太会钉扣子，我还是请母亲缝，并说她老人家缝得结实；就算我妻子会煮咖啡，我还是要请母亲出马，并表示只爱喝她老人家做的……"

　　这时，老太太在媳妇的协助下，已经端着咖啡出来。我这位朋友赶紧趋前接过，并赞叹地说："娘煮的咖啡，不必尝，只要闻一下就知道不同，真是太香了！"

　　"我这个宝贝儿子，讨了媳妇，还非得喝老娘煮的咖啡，真是从小惯坏了啊！"老太太笑着对我说，笑出满脸的皱纹和深深的母爱。

小心攀上“断背山”

你的孩子交了很好的同性朋友，天天黏在一起，电话讲个不停，到后来，你的孩子烦了，不想继续跟那个同学交往，却碰上对方反应激烈。后来才知道，对方有同性恋的倾向。如果你早发现，是不是可以早辅导？

关于这个主题，我犹豫了很久，不知道在大陆会不会是禁忌，最后我还是决定谈，因为我觉得在教育新新人类的时候，父母师长不能不面对。

或许有很多人会说：“我孩子绝不可能有同性恋的倾向，这事儿跟我一点边儿都沾不上。”

那么请问，你的孩子可不可能在未来有个心仪的异性对象，然后由暗恋、接近到示好，结果他投入了很深的情感，却不能获得回应，后来才发现那个心仪的对象是同性恋？

又譬如，你的孩子交了很好的同性朋友，天天黏在一起，电话讲个不停，到后来，你的孩子烦了，不想继续跟那个同学交往，却碰上对方反应激烈。后来才知道，对方有同性恋的倾向。如果你早发现，是不是可以早辅导？

这里有两个故事。第一个是我的亲身经历。当我上初中的时候，每天上学都要在台北的衡阳路转车。那地方有不少书店，有一天我进去逛，遇到一位文质彬彬的先生，为我介绍英文书。过几天又遇到，还送了一本《徐志摩朱自清全集》给我。但是接下来，他请我喝冷饮，就在吃东西的时候，有了奇怪的举动。我看情况不对，借故离开了。事情很巧，又隔几天，我在学校上课，听见外面有人说英语，口音很熟悉，往外看，才发现是那个人，正带好几个外宾到学校参观。他看到我，一怔，立刻把脸转开，当作没看见，后来我就再也没有见过他了。

再说个故事，是我同事的经验，他有一天在台北新公园外看布告，有个男人走到他前面，把双手背在后头，摇着一串钥匙，故意往他敏感的部位碰触。我那同事赶紧躲开了，后来才知道布告栏那地方是有名的同性恋聚集的场所。

这两个故事，要说明，同性恋不像异性恋，一看就知道对方是异性。一个人有"断袖癖"，并不写脸上，所以他们一方面凭感觉，一方面要试探，再不然就得往那习惯聚集的地方，去寻找同好。

我绝不歧视同性恋，因为近代医学已经发现，同性恋的性向可能是在娘胎里就酝酿的。也有一种说法，是每个人都具有同性恋的因子。很多男孩子在少年时会喜欢比较女性化的男生，很多女孩会欣赏很像男生的女孩，早在20世纪70年代，美国心理协会已经不把同性恋列为病态，甚至有些州承认了同性的婚姻。最近的调查更知道有 5% 的男性跟 2% 的女性，说自己是同性恋。

真正值得注意的是，同性恋可能被诱导。如同我初中认识的那位男士，他可能有很好的出身、很高的职位，却诱导未成熟的少年。如果孩子不说，因为对方是同性，师长也比较难于察觉。

相信有不少朋友看过李安导演的《断背山》，请大家想想，那里面的两位男主角，如果不是因为喝酒，又在寒冷的山头，住在同一个帐篷，会发生同性的性行为吗？可能如同其中一位对另外一位说的，遇到他，毁了自己一生。是啊！那个男生可能根本是异性恋的，可以娶妻生子，可以组织美满的家庭。但是那次的遭遇，使得他有了另外一种经验和耽迷。

相对的，如果大家对同性恋有认识，自己既然没有同性恋的冲动，就少往同志聚集的地方跑。或者一发现不对劲，赶快离开，不是能够避免被引导吗？无可否认，异性恋才合乎生物进化的道理，既然能够异性恋，何必被诱导成同性恋呢？

更大的问题是，当同性恋人的其中之一交了异性朋友，开始跟原先的同性朋友疏远，往往会造成一边失恋，甚至酿成悲剧。说实话，我在台湾师范大学熟识的一位女同学，就因为同性恋失恋，而纵火杀了两个人，成为台湾社会的大新闻。

如同《断背山》里的情节，环境是造成同性恋的重要原因，所以纯女校、男校、军队、监狱都可能有较多这类的事情。当环境改变，情况也可能改变。

当然也有很多人，明明是同性恋者，却为了隐瞒，故意做成对异性感兴趣的样子，或像李安那部电影《喜宴》里头演的，结婚生子。美国著名的男明星洛克，不是直到因艾滋病病危，才透露自己的性向吗？如果你的孩子，因为不知道自己爱的是同性恋者，直到婚后才发现怎么办？

所以我建议，做父母师长的要辅导孩子，避免酝酿同性恋的机会，也注意观察孩子的交友，让孩子能够按照他们应该有的性向发展。

我也认为这个社会应该有更大的宽容和谅解，以平常心来对待同性恋者，使他们能够早早出柜，坦荡荡地告诉大家自己的性向，不致造成异性的追求者后悔。

说实话，同性恋的人对这个社会有很大的贡献，他们没有家累，能够专心工作，加上男人能够有女性的细腻，女性带有男性的阳刚，所以很多艺术界、服装界、舞蹈界甚至美容界的顶尖大师，都是同性恋者。我太太说得好："女生常常喜欢同性恋的男人，因为他们具备男人的强壮，能保护女生，却又不会对女生产生威胁，让女生没有压力。而且他们既懂得女人，又了解男人，可以给女生提供最好的建议，教女生怎么吸引男生。"

而我要说，同性恋如果是一个天生的性向，他自己无法改变，社会也不必苛责。米开朗基罗、柴可夫斯基，由古至今，许多杰出人士，都是同性恋。世上如果没有同性恋者，可能失色很多。

爱他！少骂他

许多东西不必说，如同父母对子女的爱，不必多说。只要去爱、去奉献、去关怀、去鼓励、去付出！有良心的孩子多半自己会觉悟。

小姨子带长子回台，一点九米高的十六岁大男生跑前跑后地帮妈妈提东西、用电脑整理资料，羡煞了一群亲戚朋友，问她是怎么教的。

"没怎么教！他们自己长成这样。"小姨子笑答。

她说的一点没错，而且因为工作忙，十几年来，她连晚饭也没烧过几顿。但是每个孩子都很乖，功课也很好。虽然做妈妈的极少去学校参加家长会，却常接到孩子带回家的奖状。

有一天，小姨子一家来玩，我看孩子隔不久就这个过去抱抱妈妈、那个跑去亲亲妈妈，好奇地问四个孩子，为什么跟妈妈这么亲？

"妈妈爱我们。"四个孩子异口同声地回答。

太太常说她的好朋友丽莲跟我小姨子很像。我小姨子是"牧师娘"，丽莲则是慈济的资深义工。小姨子除了成天忙教会，而且每个星期天下午无论刮风下雪，都和丈夫站在纽约街头传教。丽莲则除了四处为慈济办活动、到老人中心带老人唱歌做游戏外，每天还会帮美国政府开车为独居老人送晚餐。

丽莲的孩子也长得帅、功课又好。

只是几年前，我太太常听丽莲说她儿子的成绩从九十分、八十分、七十分到六十分，还有不及格的。

妙的是丽莲一边说一边笑得很开心："多棒！ABCD 都有。"

所幸孩子愈大，成绩愈进步，现在居然成为全 A 的资优生。据说有一天丽莲问孩子为什么自己知道用功了。孩子说："妈咪从来不给我压力，还夸我。小时候我没感觉，但是渐渐长大，开始觉得惭愧，怎么考那么烂，妈妈还夸？只好拼命用功。"

看电视新闻节目，报道"法院"的"少年观护人"卢苏伟，小时候有一次五科才考十分，妈妈认为他智商低，没责骂，还给他鸡腿吃。

卢苏伟坐在门口啃鸡腿，看见同班同学也拿成绩单给家长。那邻居爸爸一张一张翻："一百、一百、一百、一百，咦？怎么这个才考九十，另外十分呢？"

邻居小孩指指卢苏伟："十分掉到阿伟家去了！"

可是卢苏伟后来自己拼命，考进警察学校，以第三名的成绩毕业。更用他小时候力争上游的经验，带领"更生少年"①，找回许

---

① 游走在法律边缘或已经触犯法律但已改过自新的少年。——编者注

多迷失的孩子。

我有位朋友的太太，以对子女严格闻名。

有一天，她上大学的女儿出去玩，说好十一点以前回家。当晚她也有应酬，进门，觉得累，和衣躺在床上，没想到就睡着了。夜里一点突然惊醒，想到第二天要来我家聚餐，由她负责的"罗宋汤"还没烧，赶紧跑去把牛肉丢进锅里煮。睡意未消，坐在厨房的椅子上发愣。

这时候女儿悄悄进门了，一眼看见妈妈，吓得脸都白了，隔了一下，主动向妈妈道歉，自己没能抓紧时间，回家晚了，害妈妈操心。

"我从来没看过女儿那么真诚地认错。过去她只会叛逆，跟我顶、跟我吵。"朋友的太太第二天聚会时对我说，"可是昨天，我根本没想到她回家晚了，她却以为我是坐在那儿等她。"

我笑问她的女儿为什么那天特别真诚。

小丫头笑笑："因为妈妈没像以前那样劈头就骂我！她如果骂我，我一定叛逆；她不骂我，我反而不好意思了。"

一位朋友中年待业，脾气特坏，常跟上高中的儿子冲突。

有天一大早，他睡不安，醒了，去做早餐，也顺便为儿子打了杯果汁。

校车要来的时候，儿子才冲出卧室。

朋友把果汁递过去。

儿子一挥手："我不喝！"就转身去穿鞋。

朋友那天整夜失眠，身体很弱，没力气骂孩子，于是坐下来，没说话。

却见那大男孩已经冲出门，又突然转身回来，从桌上拿起果汁一饮而尽。

朋友当天晚上问他儿子为什么早上那么有良心。

他儿子说："因为你没像平常一样破口大骂。我知道那是你早起特别为我准备的，不喝对不起你。出了门，心不安，所以回来喝掉。"还补一句，"奇怪！我猜我冲出门的时候，背后一定会传来你的吼声，你早上为什么没吼？你会不会身体不舒服，该去检查检查？"

我高中时很不用功，年年两科不及格，必须补考才能过关。还在校刊上写文章说："我要写诗、我要作画，我要的是什么都不在乎！凡我将来不需要的，滚他的蛋！"

同学看了都骂我。文章拿回家，我娘却猛点头，说："写得真棒！"

直到大学联考前两个月，我才知道拼命，熬夜读书，我娘居然说："身体重要，别念了！既然喜欢画画，不上大学，开个画室也很好。"

我没听她的，一番临时抱佛脚，居然进了师大。

后来常有人问我的叛逆期是怎么过的，我都笑说："我没叛逆期，只怪我妈不骂我，我没得叛哪！"

讲了这么多真实故事，我不想再多说什么。

因为许多东西不必说，如同父母对子女的爱，不必多说。只要去爱、去奉献、去关怀、去鼓励、去付出！

有良心的孩子多半自己会觉悟。

给儿子：在风雨中成长

我们的生命中，不总是风和日丽的。但是有些人在凄风苦雨里，却能咀嚼出另外一种美，也只有这种人最经得起打击，也才称得上懂得人生的情趣。

食色性也

最懂得"食"的人，往往要等果子在枝上熟
透了才摘；最懂得"色"的人，是不是也应该有
些耐性，像等果子熟一样，等自己发育到最成熟
的阶段呢？

今天下午我听见你母亲怒斥的声音，赶过去看才知道，原来是
因为你在门后挂了一张裸女的大海报。

说实在的，我认为那图片蛮漂亮，也并不下流，本打算为你说
几句好话，但是看你母亲正在气头上，便不好多讲，而指示你立刻
摘下来。这已经是帮了你大忙，因为照你母亲的意思，应该是撕得
粉碎。

当她怒气平复的时候，我曾私下表示意见：孩子已经将近十七
岁，挂个裸女海报有什么关系，又不是黄色照片！

"就因为他大了，火已经不小，所以不让他挂这种玩意儿，免
得火上加油！"你母亲回答。

我们能说她的话没有道理吗？

相信许多做家长的都可能跟我和太太一样，对孩子青春期许多"性"的表现，采取不同的看法。有的人主张这是生理的自然现象，可以任其发展；有的人主张年轻人不懂事，为防溃决成灾，应该早加疏导。有些人放任，有些人禁制。他们谁都没有错，却也可能都错了！

记得我们以前养的那只虎斑猫吗？为了不让它出去，我们连窗栏都钉得特别密，当它半夜鬼叫的时候，则套一只袜子在它头上。我们是希望它做一只乖猫，却忽略了它的生理需求，终于有一天它冲出去，因为不懂得躲避，而被对门的狗咬死。这诚然是过度禁制造成的问题。

换一个角度，你看到电视上有关躲在码头仓库的年轻人的报道吗？十六七岁的孩子，逃家、吸毒、滥交。有些未婚的稚龄妈妈，把婴儿放在一边哭，然后自己跑去接客。她们伤害了自己、伤害了孩子，断送了前途，甚至最后染上艾滋病而死。想想，如果在起初，他们有个防微杜渐的家长，会有这一天吗？

"食色性也"，这是谁也无法否认的事实，因为不"食"无法维持生命，不"色"（指男女之事）无法延续生命。但人类毕竟是万物之灵，我们既然不茹毛饮血、生吞活剥，而要讲求"食"的品质，当然对"色"也有所讲求。最懂得"食"的人，往往要等果子在枝上熟透了才摘；最懂得"色"的人，是不是也应该有些耐性，像等果子熟一样，等自己发育到最成熟的阶段呢？

记得前几天，我带你到后院看刚萌发的芍药吗？我曾指着那些暗红色、叶子紧紧卷着、仿佛铅笔头的嫩芽说："这些树都会开花！"又转身，指着那才露头，就展开小叶片，好像向春风招手的枝芽讲："至于这些，看来萌发得早，却保证不会绽放！"

你先不了解，直到我翻开两者的叶片，才惊讶地发现，早早开展的叶间，完全没有花苞的痕迹；至于紧包着的叶片间，则都有着小小的花苞。它们未打开叶片，并非发育不良，而是为了保护珍贵的花朵啊！如此说来，你是否也该忍耐着，不必早早伸展臂膀，向春情招手呢？

西方有句谚语："爱就像是炉火，关得愈紧，烧得愈旺。"医学界又发现，那些总是想着绮色的人，由于一天到晚有潜在的冲动，所以性的表现反倒弱而短暂。如果你在四处挂上裸女海报，书包里装上《花花公子》杂志，甚至皮夹子里放些异性图片，是不是非但无益，反而可能让你容易胡思乱想，影响学习，甚至减弱你的性能力呢？

你的母亲叫你不要"火上加油"，我则为她的话增添了这许多注解。我不主张禁制，不主张放任，而主张疏导。疏导的第一步，是希望你能自珍、自制，如同那含蓄蕴藏的芍药，在未来开出丰美的花朵！

据理力争

有道德的人不少，但是有道德勇气的人不多。
问题是如果没有人敢挺身抗争，不公的永远不公，
委屈的永远委屈。

这两天看你的神色不对，心想一定是在学校有了什么麻烦，而
当你在我的逼问之下，说是因为跟新的英文老师辩论评分方法，老师
词穷之后，似乎对你不满意，而不太理会你，甚至当你有疑问举手时，
都装作没看到。我不得不说："好极了！年轻人，我支持你！"

你一定十分惊讶我这个看似老古板的人，会有如此表示。但是
你也要知道，向一切不合理事物抗争到底，为维护真理绝不屈服，
是我一贯的处事态度，我相信这种精神，是民主社会人人都应该有
的，而对于自己信仰和真理的坚持，更是每个成功者必须具备的条
件。乡愿可以成功，但那成功必不够伟大；狂进的人可能失败，但
那失败往往壮烈。所以只要你的态度和缓，是有风度的君子之争，
即使是向权威不可侵犯的老师争，我也支持。

记得我在高中时，一个数学老师因我经常去办校刊，或代表学校外出参加比赛，以上课缺席为由，给我很低的分数，当时我甚至气得想把实验解剖的青蛙放到她的抽屉里。

当我进入师大美术系的第一天，看见教室后面挂着一幅相当好的作品，问教授那张画在系展中得了第几名时，教授说画是可以得第一，但因为这个学生总逃课，所以给他第二。我立刻表示，如果比赛只是就作品来论，画得好就应该给他第一，当场使教授不太高兴。

当我初来美国，有一次在南方坐长途客运车，位子被划在最后面，上车却发现前面有许多空位时，曾立刻去售票处询问，是不是因为种族歧视，把我这个黄种人放到厕所旁边，结果获得了前面的位子。

当我暑假回台湾发现我们住的大楼在管理上有许多不合理之处时，曾立刻邀集两位住户，分别拜访一百多家，成立了管理委员会。其间遭遇许多阻力，甚至同楼住的亲戚都坚决反对，认为我多管闲事。

正像你所说，老师评分方法不公平，虽然同学们都不服，却不敢说，只有你提出来，并逐项与老师辩论。随着年龄的增长，你会发现有道德的人不少，但是有道德勇气的人不多。问题是如果没有人敢挺身抗争，不公的永远不公，委屈的永远委屈。所以我支持你做一个有风度的抗争者。

在此你要注意，我说"有风度的抗争者"，那"风度"是极重要的。当我们看美国总统大选辩论时，评论员往往把辩论者是否从头到尾面带笑容这件事列为优先。也就是说，即使在你激动而义正词严的时候，也要维持思路的清晰冷静，而且对事不对人，尊重那些与你抗争的人。因为你争的是理，不是去毁损对方的人格。

　　当然我也必须告诉你，作为一个带头的抗争者，往往也是最早牺牲的。我曾经在学校里因为跟两位教授辩论而失去做全 A 毕业生的机会，也曾经被"死当"[1] 而几乎无法毕业，我还是小学六年级时班上两个被美术老师打手心的学生之一。但是我并不恨他们，因为如果我自己理直，他们没有风度接受，是他们的错；如果我理屈，则我自己应该反省。在强烈的抗争之后，冷静地思考一下，作为改进或激励自己的一种方法，总是会有收获的。而我自己今天做教授，常被学生气得里面冒火，却不得不压下来，并回家自己思索，何尝不是由学生时代的经验中，得到了"同理心"。

　　我自己绝不会因为学生据理力争而扣那个学生的分数。我可能一时不高兴，但不会一直不高兴，尤其是当我知道学生是对的时候，更得感谢他的指正，甚至佩服他的勇敢。我确实可能不喜欢他，但不能否定他，因为在未来的茫茫人海中，放出异彩的，往往不是书呆子，而是这种具有风骨与胆识的人。

　　所以只要你能心存恭敬，以学生应有的礼貌，举出自己坚信的道理，据理力争，就算这一科"死当"，我也为你竖起大拇指，并希望你由愤懑不平中激发力量，未来在这一科有出色的成就。相反，如果因为老师不讲理，就使你意兴阑珊，放弃努力，你只好成为一个真正的失败者。

　　露出开朗的笑容！或许那老师明天也会对你这个不平凡的学生笑的。

---

[1]　意为成绩离及格线 10 分以上，无法补考，只能重修。——编者注

悲悯的情怀

我们常在失去时，才知道"有"的美好。希望在你失而复得时，一方面感觉"得"的可贵，一方面纪念"失"的痛苦。更因此了解失者的心境，产生悲天悯人的情怀。

有一天，你因为长"针眼（睑腺炎）"开刀，而没去上学。

第二天早上，我听说你在头上绑了一块红头巾，打算扮成海盗的样子。我清楚地听见你与母亲争执："既然左眼被医生蒙了这么难看的一块东西，好像独眼龙的样子，何不干脆扮成海盗，否则坐在地铁上，走在学校里，会多么奇怪！"

我当然能了解你的感觉，因为当我初中时，曾在早会直挺挺地晕倒。由于站在第一排，前面没人挡住，所以当我醒转时，发现自己上下排的门牙全摇动了，嘴唇肿得几乎遮住鼻孔，鼻子和额头也皮开肉绽。

我至今仍清晰地记得，自己转两班公车回家时，人们投来的奇异的目光和你祖母惊讶心疼的表情。

　　但是，我能因此而不去上学吗？

　　过去总被人赞赏为美少年的我，瑟缩在公车的一角，我尽量把脸转向窗外，转得脖子都酸了；我试着不去看人，因为对上的总是惊异的目光。

　　受伤之后没有几天，一个不认识的同学主动与我接近，问我出了什么事。他跟我搭同一班车，上车时，我才发现他居然有一条腿出奇的细，鞋子也特别，当时是夏天，大家穿短裤，每次坐着，他总是把书包尽量向前推，挡住那看来像根枯骨的膝头。

　　于是我们成了相怜的朋友。

　　但是，我脸上的血痂一块块脱落了！嘴唇消了肿，牙齿也奇迹般地康复。每天当我们下课时相遇，他都先盯着我看，接着把眼神闪开，仿佛没见到；我的脸渐渐又扬了起来，他膝头上的书包，却推得更前面了！

　　我们的距离日远，渐渐发现他居然有些避着我。

　　我开始了解残障人内心的痛苦。他们有他们的世界，一个彼此同情的世界，一个难为外人体会的世界。而今想起来，我甚至庆幸自己曾有那样的遭遇，使我知道在这世界上有那么一大群我们应该去了解、去帮助的人。

　　我也反省到，一个在公共场合不易见到残障人士的社会，绝不表示残障人的比例低，反而显示了人们道德的层次低。因为大家以特异的眼光看残障者，甚至指指点点地，加上缺少为身心障碍者考虑的设计，是社会之耻、正常健康人之耻。

　　说到这儿，你想想自己的伤，是否远不如我少年时，再说没几天就能把眼上的纱布拿掉，跟那些真正残障的人相比，岂非幸运？你不过几天，就难以忍受，而他们是几月、几年，甚至一辈子啊！

　　我们常在失去时，才知道"有"的美好。希望在你失而复得时，一方面感觉"得"的可贵，一方面纪念"失"的痛苦。更因此了解了失者的心境，产生悲天悯人的情怀。

我们都是"人"

当他为重伤害的病人治疗时，

总希望见到那人健康时的照片，

知道自己面对的……

是一个曾经活泼又美丽的"人"。

一位工商巨子，年纪轻轻，突然病逝了。

"他可能酒喝太多了，喝到只要不喝，手就发抖。"这工商巨子的一个同学对我说，"他死了！我好伤心，好多以前在一起的画面都出现在眼前。"摇摇头，"奇怪！我以前看到他，只会想到他多么有钱、有名，直到他死，才发觉他是那个曾经跟我同班四年，在一起有说有笑、有打有闹的'人'。"

一个年轻朋友，迷某歌星到了发狂的地步，家里四处放的全是那位歌星的照片。

皇天不负有心人，先加入歌友会，再通过层层关系，他居然成为那歌星的特别助理，每天跟前跟后，帮歌星料理一切。

"你真是梦想成真了，"有一天我问他，"高兴吧？"

"得了！甭提了！"他居然一挥手，"我发现以前崇拜错了，现在才发现他比谁都平凡，他只是个平凡的'人'。"

读美国医生 Frank Huyler 的《陌生人之血》（*The Blood of Stranger*）。

作者描写他在急诊室的各种经历，怎么伸手到满是血水的胸腔里找破裂的血管，怎么把躁狂症发作的患者绑在床上，怎么将药物过敏的病人从鬼门关拉回来。

最令我感动的是，他说当他为重伤害的病人治疗时，总希望见到那人健康时的照片，知道自己面对的，不只是一个血肉模糊的躯体，还是一个曾经活泼又美丽的"人"。

"我的日本老板，平常好像经营之神似的，拉着一张脸，不苟言笑，似乎你多看他一眼都不成。"一个在电子公司上班的女生对我说，"可是啊，最近公司办年终聚餐，这老家伙，酒才下肚，就开始胡说八道，接着提议去唱卡拉OK。你知道吗，坐在沙发上，他居然毛手毛脚。"女生笑起来："他啊！不再是神，好像跌落地面，变成一个人，一个无耻的老男'人'！"

她的话令我想起一位出版界朋友的话：

"公公生病，我在医院照顾他。他神志不清的时候，活像一个孩子，又踢被，又打人，才吃完就忘了已经吃过了，直喊饿。可是，他才一清醒，就把被单拉得紧紧的，好像怕我看到了什么，然后摆出一副死面孔。"她叹口气，"说实话，我宁愿看他糊涂的时候，觉得比较可爱，比较像一个真真实实的'人'。"

克林顿的绯闻案早落幕了，倒是他任内的经济成就，总被人们谈起；后来他选择在纽约哈林区设办公室，更是引起一片掌声，觉得他平易近人。

电视里几个学者谈到克林顿的政绩，提到他和莱温斯基，一位学者居然说：

"从某个角度看，这事件也有它正面的意义，就是让大家知道，每个人都是人，都是有七情六欲的肉身，都可能犯错，都可能掩饰。"学者强调，"既然是个人，他就会掩饰，掩饰确实不对，但有什么办法？别忘记，他是个人哪！"

"人是一根绳索，架于超人与禽兽之间。"尼采说得好，每个人的一生，都在由禽兽走向超人；终其一生，都无法成为超人。

人的可悲就在于我们都是这样的人，都要经过恒沙之劫，都生生世世只能做个平凡人。

人的可爱，也在于我们都是人，于是能用自己想别人，在别人身上窥见自己的影子。

最近接到一个小女生的信——

"自从我上了中学，就发现爸爸妈妈也是人，以前他们在我眼里是爸爸妈妈，现在是平凡的人。"

"可不是嘛，"我回信，"所以他们也有脆弱迷失的时候，他们也要你去帮助、要你去疼爱。这是多棒的感觉！——知道他们是跟你一样的平凡'人'。"

在风雨中成长

我们的生命中，不总是风和日丽的。但是有些人在凄风苦雨里，却能咀嚼出另外一种美，也只有这种人最经得起打击，也才称得上懂得人生的情趣。

我知道你今天有些失望，因为经过长久计划的环河之游，却遇上难得一见的风雨，虽然我们由甲板移入船篷内，还是被斜斜飘入的雨水淋湿了。

或许你会想，如果不为等妈妈有空，而在上星期风和日丽，学校未开课时去该多好；或许你会想，何不下个月，等我有空时，再挑个日子前往。

但是你要想想，什么是一家人，什么叫Family Ties，上星期如果在没有你母亲同行的情况下，我们去游河，当你看到美丽的景色时，会不会想，如果妈妈也能看到该多好？

而如果我们延到下个月，纽约的天气转入寒冷的暮秋，在你观赏自由女神海湾的景色时，会不会担心，海上来的寒风，会使八十岁的祖母受凉？

如此说来，我宁愿一家人，在今天的风雨中同行。

况且，风雨中的景色也很美。当密雨像轻纱般在河面上牵过，远远的帝国大厦尖端隐入浓云，岂不是比晴朗的日子，更有味道吗？

当自由女神生着铜绿的身躯，被雨水淋透，在后面灰暗天空的衬托下，不是更来得明艳而鲜丽吗？

还有当我们穿过哥伦比亚大学的北方，看到哈德孙河时，近处岸边树木盎然的翠绿，与远方凄迷的河谷对比时，不是更来得悠远，而令人有一种神然的情怀吗？

而当我们坐的大游船经过小船时，特别放慢速度，使水波不致过度激荡；而每一个帆船，都降下一半船帆，使自己不会因为强风而樯倾楫折的做法，不都是给我们最好的教育吗？

你要知道：我们的生命中，不总是风和日丽的。但是有些人在凄风苦雨里，却能咀嚼出另外一种美，也只有这种人最经得起打击，也才称得上懂得人生的情趣。

记得我在你这个年岁，曾经看过一部《日瓦戈医生》的电影。其中最令我难忘的，是当日瓦戈医生的家被充公，他只身逃往西伯利亚的途中，车内拥挤嘈杂，日瓦戈却拉开小车窗，静静欣赏外面乌拉山的雪景。

我初到美国的时候，正逢冬天，有一次站在露天等车，突然下起大雪，我便学日瓦戈医生苦中作乐，静静欣赏附近枯树在雪中的变化，还有小鸟们如何不断抖动翅膀、扑落雪花的样子。而当车子在四十分钟之后，从密雪中缓缓驶近时，我才发现自己竟已陷入了半尺深的雪中。

所以，我爱今天这样的风雨，也希望你爱它，因为我们都是经历风霜雨雪，才能长大。

手足之情

当你蹙着眉，似乎有些忧心地问我"小妹妹出生时脐带绕在了脖子上，会不会有不良的影响"时，我突然领悟了：手足固然可能从父母那里，分享原属于自己的时间与物质，但是他们也彼此给予了关爱与帮助。

从今天清晨五点零六分开始，你在人生的旅程上，又多了一个伴侣，那就是你的妹妹。

她有约 3.5 公斤重，身长约 55 厘米。你的母亲说她长得跟你初生时有些像，我则认为太小，还看不出来。但是无论外表相似与否，她和你是同胞兄妹，流着同一脉的血液，且将在同一个家庭里成长，当然是会相像的。

中国人称兄弟姐妹为手足，正比喻了其间密切的关系。手足同样由身躯伸出，他们靠着同一心脏泵出的血液而生存；他们彼此扶持，荣辱与共。在我们的生命中，可能有许多朋友，但没有任何朋友能完全等于手足。朋友可以与你绝交，从此便不再是你的朋友；夫妻可以离异，从此就不再是夫妻。但是手足即使有了摩擦，产生争执，甚至登报脱离关系，他们实实在在还是同一父母所生；那与生俱来的"同"，是无法改变的。

记得你小时候，每当我们问你希不希望再添个弟弟或妹妹，你都大声抗议，说小奶娃会吵闹，大一点还会弄乱你的东西、砸坏你的玩具。那时候我确实也认为多个孩子会分享你的一切，这或许是因为我自己是独子，不太能了解手足之情。

但是今天，当你蹙着眉，似乎有些忧心地问我"小妹妹出生时脐带绕在了脖子上，会不会有不良的影响"时，我突然领悟了：

手足固然可能从父母那里，分享原属于自己的时间与物质，但是他们也彼此给予了关爱与帮助。他们是父母逝去时，站在送葬行列中，与你同样伤痛的人；他们也是当你父母都离去之后，能够让你回忆起幼时家庭生活的人；他们可能是你遇到挫折，甚至夫妻失和时的避风港。因为他们与你有相同的生活经验和无可改变的血源关系，自然也有着共同意识。

你很快就要十七岁了，与你的妹妹也就是有着十七年的差距，你们或许不容易玩到一起，你也必然先要对妹妹做单方面的付出。可以预见，当你赚钱的时候，妹妹一定会向你讨红包；当妹妹能跑爱跳的年纪，你也必然得常带她出去玩，她会成为你的一个小累赘。但是进一步想，你会发觉未来有一个妹妹向你提供属于另一个年龄层次的资讯与理念，而且随着她的成长，也会带给你很多意想不到的欢笑。尤其是当你年老，年轻十七岁的妹妹仍然精力充沛，那也就是她回馈你的时候。

有一位美国朋友对我说：

"每年感恩节时，我特别急着赶回乡下的老家，因为平常回去看到的只是父母，唯有感恩节时，能见到所有的兄弟姐妹。大家打打闹闹，好像一下子又回到了童年。"

有一位在台湾的大陆老兵对我说：

"人人都返乡了，但是我没有回去，因为我没有兄弟姐妹，父母死了，回去看谁？"

有一天你会发现，手足不但是父母生命的延伸、童年记忆的延伸，甚至是故乡的延伸！

给女儿：寻个人生的大梦

　　每个人都有与众不同之处，在恰当的时机，把你特有的美好一面表现出来，让别人惊讶地发现，就是"惊艳"！

爸爸总等你归来

爸爸有个好特别的感觉，觉得你突然长大了，要带着忐忑的心情，去面对人生的战场了。你有了小小的野心，你有了沉重的心情，你开始会有得有失，对人生有更多的悲与喜了。

但，无论悲或喜，你总是爸爸的小小天使，爸爸总等待你的归来，给你紧紧的拥抱……

今天下午，你要参加钢琴比赛，一早，妈妈带你去洗头。

我特别追个电话去，问要不要回程顺路到"梅西（Macy）"为你买双新鞋？免得穿那双旧鞋太寒酸了。

但你妈妈说这是比赛，只有评审在场，并非音乐会的演出，穿随便一点反而没有精神压力。

可不是嘛，记得爸爸小时候，大家都迷信如果穿新衣服去考试，会考不好。大概心里挂念着新衣服，唯恐弄皱了这儿，弄脏了那儿，分心，所以考试容易不专心吧！

因此，爸爸没有坚持，只是心里决定，等比赛完，要为你买双漂亮的皮鞋。

你回到家时，爸爸正站在门口，你和妈妈都很诧异，因为爸爸平常是不会那么早起床的。即使有事，醒来打个电话，还是会继续睡。难怪妈妈笑问，爸爸是不是出来迎接？

你梳了一个好漂亮的头，爸爸跪在玄关，抱着你看。你又长高了，以前爸爸跪着正好看你的脸，现在却不及你高了。

"这是谁家的漂亮娃娃？"爸爸问。

你指了指爸爸。

吃完中饭，你跑去练琴。

第一首，弹《送郎》，说实在话，有点浮，不知是不是因为你紧张。所以我坐在一边低头看报，没像昨天晚上，大声为你鼓掌、叫好。

第二首，你弹《天黑黑》，比《送郎》稳多了，但是有点快，中间还漏了两个音。

"太快了！"你自己说。妈妈也过去说："是快了。"

爸爸则说："记得你哥哥以前参加比赛也一样。还有，爸爸小时候参加演讲比赛，准备五分钟的稿子，到了台上就变成四分钟，都是因为心急，一急就快。"

所以，爸爸跟你说，心里总要有个节拍器，不断告诉自己："稳住！稳住！"

正说着，你突然哭了起来。爸爸为你擦眼泪，才擦完，又流下，你就自己抓了张纸。

"用蘸的，不要横着擦。"爸爸叮嘱你，"别把眼睛擦伤了。"又安慰你，别紧张，想想爸爸昨天晚上对你说的，"你第一次参加比赛，以前从来没得过奖，就好像'没尾巴'的人，关门时不怕夹到长长的尾巴。你没有心情的包袱，不会像关颖珊，冬季奥运会得银牌还伤心。"

　　当然，爸爸也说："如果你得了大奖，以后有尾巴，心情就沉重了。"

　　爸爸送你到门口，又告诉你："爸爸从小喜欢画画，由小到大，每次画画比赛都去参加，一直到高中，没有一次得奖。"但我还是不断参加，从来没因为挫败而失去信心。爸爸不是后来常常得奖，而且进入师大美术系，成了所谓名画家吗？

　　所以，你把比赛当成练习，就成了，不要期望太高，也不要有任何精神的压力。

　　妈妈开车带你出发了，爸爸看车子消失在巷子一端，心里为你祈祷：愿上帝祝福你。

　　突然，爸爸有个好特别的感觉，觉得你突然长大了，要带着忐忑的心情，去面对人生的战场了。你有了小小的野心，你有了沉重的心情，你开始会有得有失，对人生有更多的悲与喜了。

　　但，无论悲或喜，你总是爸爸的小小天使，爸爸总等待你的归来，给你紧紧的拥抱……

只因为我看到

如果这世界上的每个人，都能"只因为他看到"而去帮助那些需要帮助的人，即使每个人看到的只有一两个人，加在一起，不就是全人类帮助全人类吗？

"孙长珍小妹妹的眼睛已经完全看不见了。"

昨天，燃灯助学基金会的张阿姨在电话里告诉我。

我是去年秋天到贵州去看"帆轩四小"的时候，见到长珍的。那一天，虽然早说好不要有欢迎的仪式，家长们仍然穿着苗族传统的服装，唱着歌，递给我一杯又一杯他们酿的美酒。几十个小朋友则摇着小小的红旗子，欢迎我和当地教育官员的到访。

每个小朋友都露出纯真的笑容，我跟他们一一握手，在低年级的小朋友中，握到一个高个儿女孩子的手，她没有笑，茫茫地看着正前方。我细看，发现她两只眼睛的黑眼珠都是白的，只有左眼，在一片翳障之间，略略有些透光的地方。

"你的眼睛怎么了？"我问她。

"快看不见了。"她小声地说。

"还能读书吗？"我又问。

她没答。

"有没有去看医生？"我再问。

她隔了好几秒，才挤出两个字，又因为乡音很重，我没听懂，还是在一旁的校长补了一句："她说'没钱！'"

我当时没有多讲，进教室听小朋友致欢迎词，跟校长老师们讨论建校的事情，接着在门口合影。

可是我心里一直惦记的，是那个半盲的小女孩。

临走，小朋友又排队送我。我特别在队伍里找，找到她，问她的名字，知道她叫孙长珍，今年十一岁。

然后，我蹲下来，蹲在她的面前，拉着她的手，对她说："没钱，没关系，叔叔帮你找医生。"

我坐的车子，驶离校门，开上那崎岖不平的乡间小道，校长和几位老师走到车边挥手。我又摇下车窗，对校长说："叫长珍放心，我想办法为她治。"

隔天我去了遵义，再隔一天，飞去北京，但是已经拜托贵阳西西弗书店的朋友，把长珍带去贵阳眼科医院检查。

报告立刻传到我手里，但不太乐观，说她只剩左眼还有零点一五的视力，双眼角膜都有白色混浊，虹膜与角膜都有粘连，瞳孔又被牵拉变形，眼底则无法看得见，还不知道网膜的情况……

我不死心，回台湾之后，又请北京的曲阿姨，把长珍的检查报告拿去著名的协和医院。医生看了也摇头，说虽然可以角膜移植，但是不能恢复视力，因为长珍眼疾已经拖了五六年，有了弱视，又可能有"继发性"的青光眼……

回到纽约，我立刻把这消息告诉燃灯助学基金会的朋友。多令人感动啊！燃灯的张温洳阿姨不但在今年春天亲自去了贵州惠水，还带了医生，再为长珍检查。

只是，去的医生也摇了头。

"长珍立刻就哭了，"张阿姨回来说，"我也好伤心，可是能怎么办呢？所以给了她一些钱，安慰她。"

我和你妈妈还是不死心，向美国医生请教，开医院的王绪伯伯说把病历给他，他去找眼科医生研究。

只是，检查报告都太不完整了，没有很详细的说明，也没有清楚的照片，单凭那简简单单几行字和一张普通大头照，医生很难判断。

就在这时候，也就是昨天，我们得知：

长珍已经完全失明。

难道她终生再也看不到了吗？难道我们就此完全放弃了吗？

许多朋友说：这世上需要救治的人太多了，我们可以去捐建更多学校，让更多孩子读书，不必为一个孩子花那么多钱。

但是，我也想到台湾的慈济上人，帮助长江水患的灾民重建家园，有人问她为什么那么做时，她说："只因为我看到。"

是的！孩子！

只因为我看到，只因为我们知道，只因为她是我们捐建的"帆轩四小"的学生。在这茫茫人海中，我们居然能相遇，有这样的缘，我们就该尽力。

　　昨天，我想了一夜，决定把长珍接到北京，再做一次详细的检查，能换角膜就换，即使不能保证成功，也要试一次。

　　孩子！

　　"只因为我看到！"这是一句多简单又意味深长的话！如果这世界上的每个人，都能"只因为我看到"而去帮助那些需要帮助的人，即使每个人看到的只有一两个人，加在一起，不就是全人类帮助全人类吗？

　　孩子！我多高兴啊！

　　今天傍晚，当我跟你说长珍小朋友的事，你先低着头听，隔了一阵，抬起脸说：

　　"长珍什么时候去北京检查？我也想去看她。"

使人惊艳

　　美好的第一印象，常能带来以后的成功。即使是童话中的灰姑娘，当她穿着漂亮的衣服、蹬着精巧的玻璃鞋，走下南瓜变成的礼车时，也是令人惊艳的。

　　有一年十月，当我回台湾的时候，刚到肯尼迪机场就觉得有什么特殊人物将要出现，接着看见一个个子很高的女孩，在许多人的簇拥下进入贵宾室，她戴着深色的太阳眼镜，很神秘的样子，打听才知道，是玉女红星波姬·小丝。

　　这个"漂亮宝贝"，是我到美国不久就知道的，先是看她的电影《蓝色珊瑚礁》，接着听到有关她幼年时拍艺术照的风波，又知道她进入常青藤盟校的普林斯顿大学，且看见她参加慈善的马戏表演，在绳索上做各种惊险的动作。

　　起初我只晓得波姬·小丝是美国少男少女崇拜的偶像，后来回台湾，甚至在北京，居然也四处看见她的海报，才惊讶她的魅力之大。

但是眼前的"漂亮宝贝"，穿着朴素的衣服，在母亲陪同下，安安静静地坐着，连头都不怎么转动，丝毫见不到大明星的光彩，倒令我半信半疑起来。直到在桃园机场，看见许多鹄候已久的记者，才确定看来平凡的女孩，果真是波姬·小丝。

晚上打开电视，正看到她记者会的新闻，我吓了一跳，那浓眉大眼、青春亮丽的美女，真会是那个同机的毫不起眼的丫头？只觉得她一路上都躲躲闪闪，像拿黑布遮起锦缎衣服般，不愿露出一点光彩，而且在下飞机后拒绝记者采访，怎么现在竟脱胎换骨般，变了个人呢？

细听新闻内容，才知道波姬·小丝早上躲过记者群，一头冲进旅馆，养足了精神，请专人整理头发、化妆之后，才在旅馆里举行记者会。她露面了，但没有在二十个钟头飞行后的憔悴时，而是在充分休息与准备之后，所以她得到了预期的反应——

惊艳！

"使人们惊艳！"这是不论女孩、男孩，漂亮的、不漂亮的，都应该学习的一件事。也就是不要在自己最弱的时刻曝光，使人们有较差的第一印象，而应选择最有利的时机，展现美好的一面。

美好的第一印象，常能带来以后的成功。即使是童话中的灰姑娘，当她穿着漂亮的衣服、蹬着精巧的玻璃鞋，走下南瓜变成的礼车时，也是令人惊艳的。

若不是这番惊艳，灰姑娘能获得王子的青睐吗？不可能！事实证明，换下了漂亮衣服和玻璃鞋，重新回到厨房，便没人认得出她是前夜令人惊艳的美女。幸亏留下了玻璃鞋，王子才能找到她。

每个人的条件差不多！尤其是今天，教育普及，生活富裕，大家的才能都获得充分的发挥。加上人口愈来愈多，竞争愈来愈大，要想鹤立鸡群，已经办不到，因为人人都是鹤。所以真想崭露头角，往往要靠"令人惊艳"的功夫！

或许你要说："我不艳！如何惊艳？"

那么我要告诉你，每个人都有与众不同之处，在恰当的时机，把你特有的美好一面表现出来，让别人惊讶地发现，就是"惊艳"！

"惊艳"可以是一种瞬间优美的展现，令看到的人难以忘怀。早期现代诗人戴望舒，写过一首描写在下雨天的小巷里，一位少女擦身而过，又飘然消失在巷子尽头的诗，美极了！就是这种神龙见首不见尾式的惊艳。

惊艳，也可以是订好计划，一鼓作气，掌握高潮的表现，譬如一位主持人介绍歌星出场："现在让我们欢迎蔡琴小姐，她曾经演唱《金大班的最后一夜》，相信是大家都难忘的！"

另一位主持人说："《金大班的最后一夜》，相信许多人都看过了，尤其主题曲，更是令人难忘，现在就让我们欢迎原主唱人蔡琴小姐！"

两相比较，当然后者能引来更热烈的掌声，道理很简单——把高潮集中在后面，一鼓作气地引出；至于前者，则有"再而衰，三而竭"的缺点了！

正因如此，演说家们都知道，即使早到会场，也应该避免曝光，否则你去跟这位观众握握手，那位朋友打个招呼，真到开讲，大家早疲了，远不如准时到达，立刻上台，能引起轰动，这也是惊艳！

当然更有许多人用非常的手段，达到非常的效果。譬如唐代的大诗人陈子昂刚到京城的时候，没人认识他。某日有人当街卖古琴，要百万的高价，陈子昂毫不犹豫地买下。旁观的人都惊问买琴的原因，陈子昂说："因为我擅长弹古琴。"人们又问："能不能演奏一曲呢？"陈子昂则说："明天吧！"

第二天当大家都到了约定的地方，陈子昂早准备好酒菜，并捧着琴对众人说："我陈子昂有文章上百篇，不为人知。这种乐工的小技，算得了什么？"说完便把琴砸碎了，并将文章分送给会众。一天当中，就名满京城。

听了这许多"惊艳"的故事，你什么感觉？

在这茫茫人海之中，你又该怎样展示自己？使人惊艳？

记住！先认识自己的长处，不要急，不要慌，选择最适当的时机和场合，将之淋漓尽致地表现出来！那么——

即使你是沉潜已久的灰姑娘，也将有出头的一天！

会另一种算术的女生

女人是长于算术的，只是跟男人的算法不一样。她们用亲情计算孩子的生日，用恋情计算结婚的岁月，用爱情计算丈夫归来的时候，用理想计算自己的年龄。

开小学同学会，一位当年功课烂透，现在却成为名医的男生，教大家计算胆固醇的方法。妙的是，男生一听就会了，女生却都没搞懂。

"不能怪你们。"名医手一挥，"女人天生数学就差。"

没想到，半句话得罪了一屋子女生，个个杏眼圆睁，还有几个冲了过来。

"谁说我们女生数学差？告诉你，我们天生比男人数学好。"一个女生首先发难。

"是啊！"立刻有人附和，"你记得你每个孩子的生日吗？你记得他们几点几分生的吗？你又记得你的结婚纪念日吗？"

医生也不示弱："我记得。"

"好，就算记得，你记得你老婆上个月的MC① 是几号、下次会哪天来吗？"有位大胆的女生追问。

这下子，女生全有的说了：

"我们从十二三岁就每个月都在记、都在算。"

"我们会算安全期。"

"我们会算两百八十三天，孩子哪天生。"

"我们会算孩子是不是该到家了。"

"我们会算老公晚半个小时进门，是不是出去搞鬼。"

"我们的算术天生比男生棒，只是棒得不一样！"

可不是吗！女人有一种天生的敏锐，她们比男人更知道物价的波动、天气的寒暖、体重的变化。她们更知道积粮、存钱、为孩子添件衣服、提醒老公小心受凉。她们甚至能算准丈夫回家的时间，在那双脚踏进门的同一刻，把青菜下锅。

想起妻说的童年往事。

我的岳父是空军，妻小时候的家，就在屏东的空军眷区。

长长一排日式房子，全是"飞官"。

"飞官的太太们，不但漂亮，而且特别敏感，只要有飞机的声音，她们就会竖起耳朵听，说'我丈夫回来了！'"妻子回忆说，"然后，她们就会往家跑，为丈夫准备远行归来的餐点。"

我尤其记得她说，那些飞官们回家，不像许多懒惰的丈夫按铃

---

① Menstrual Cycle 的缩写，指女性的月经。——编者注

要太太开门。他们都自己带钥匙，太太的耳朵特别尖，能在丈夫才掏出钥匙的时候，就听到声音。

"有时候真有意思。"妻说，"一排飞官，一起回来，一起听到门响、炒菜的声音，看到升起的炊烟。当然，有时候也很可怜，算着丈夫该进门了，钥匙没响，门铃响，门打开，没有丈夫，站着几个同事。就听见长长的、一声尖锐的哭声传来，村子里又多了一个寡妇。"

我常想起她的话，想那欣欣然已经准备下厨炒菜的妻子，听见门铃响，美丽的面孔突然转为苍白。

我也猜，只怕她们不是会算丈夫飞行的时间，也不见得真能听出飞机的声音，她们只是一直悬念着、等待着。

曾经在院子里的树上，挂过一个木制的鸟窝，尖尖的斜屋顶，前面正中央，有个圆圆的小洞，是门也是窗。

有一对小红雀成为我的房客。我记得很清楚，它们在情人节之后不久，开始孵窝。两个小家伙晚上总是并排坐在屋里，白天则由公鸟出去找食物，回来给母鸟吃。

当公鸟出门的时候，那母鸟的头似乎伸得比较长，我可以很清楚地看见它的脸，正对着窗外。

二月，总有风雪，鸟窝前面的小阳台上，常堆积白白的雪花，那母鸟会不时把掩住大门的雪啄开，好像为丈夫清出一条路，等待它归来。

这使我记起在 PBS（Public Broadcasting Service，公共广播服务，美国一家非赢利的媒体企业）看到的一个特别节目，描写几百年前，一群拓荒者，由东岸出发，打算越过美洲大陆，移民到加州的乐土。

但是还没到加州，冬天就来了，他们遇上少有的风雪，迷了路。

他们搭了帐篷，烧尽了篷车的木料，吃光了拉车的牲口，一群妇人守着孩子在里面等候，等待男人出去找食物、找道路、找援救。

但是男人们一批批去，一批批冻死在路上。后来连大一点的男孩子都出去了，只是也难逃冻死的命运。唯有少数妇人和孩子，啃树皮，吃靴子、毛毯，熬到最后。

那在风雪里，守着蛋、守着家、望着窗外的母鸟，不也一样吗？如果有个顽童举起气枪，那小鸟窝里会不会也传出凄厉的哭声？

自远古以来，每个猎人的小屋，必定都向着山；每个渔人的小屋，必定都对着海。

那小屋里也就必然都有着守候的妇人，望着窗外的山林与海洋。

每一阵雨雪、兽噑与狂风巨浪，一定都牵扯着这些女人的心。她们一定都在想、都在算：

"出门的你，该归来了……"

何日平胡虏，良人罢远征。

当君怀归日，是妾断肠时。

早知潮有信，嫁与弄潮儿。

每次读到这些古人的诗句，眼前就浮现个倚门远眺的身影。

只是多少身影，守着守着，月月年年，就此老去，就此凋零，就此凝固。守成一个望夫崖，凝固成一个痴情女子变成一块巉岩的神话。

女人是长于算术的，只是跟男人的算法不一样。她们用亲情计算孩子的生日，用恋情计算结婚的岁月，用爱情计算丈夫归来的时候，用理想计算自己的年龄。

男人是风帆，女人是港湾。

男人是燕子，女人是屋檐。

男人爱远行，女人能眺望。

男人爱漂泊，但是女人不怕。

她们能等待。

寻个人生的大梦

我们寻梦，要寻人生的大梦，为大家寻梦，
为世人寻梦……

　　我住的小镇上，新开了一间很奇怪的店，只要经过，就能感觉
一种诡异的气氛。

　　玻璃橱窗里垂着黑帘子，帘子前面摆了一个水晶球、一支羽毛、
一个牛骷髅和一只不知什么动物的"毛茸茸的脚"。再加上里面传
出呜啦呜啦的音乐和使人欲昏的香味，就更是"心毛毛"了。

　　"我要看！我要看！"偏偏你好奇，坚持一探究竟，我只好陪
你钻进去。

　　天哪！真是五花八门。各种小瓶的香精、草药，满架的水晶、
石头，墙上更有意思，挂着一片片的树皮、羽毛和编织物。

　　"要看看未来吗？要找你的生辰石吗？要用水晶治病吗？"一
个灰白头发的老太婆，从柜台后面探出头，抖着两只手说，"我是

一半吉卜赛人、一半印第安人，很准的！"

我摇头笑笑，指指你："她感兴趣！"

"好极了！"老太婆钻了出来，"小妹妹要不要一个印第安人的'捕梦网（Dream Catcher）'？"说着摘下一个挂着羽毛的圆网子，伸到小鬼面前，神秘兮兮的。"晚上挂在你的床上，保证你做个美丽的彩色梦。"

我相信这老太婆一定有什么魔力，最起码，从不吵着买东西的你，受到了她的蛊惑。

一个圆框框，编成网状，下面再挂上三根羽毛，居然要二十块美金。可是，你吵着要，有什么办法？

当天晚上，你早早就上床了，盯着挂在床头的"捕梦网"，复述"老巫婆"的话：

"这世界上有很多噩梦和美梦的精灵，在夜里飞来飞去。挂上这网，噩梦一飞过，就被网住，不会动了。只有美梦，会顺着框框往下滑，滑过这三根羽毛，掉到下面。谁睡在下面，谁就会做个美梦。"

一夜过去。

"你梦到什么美丽的东西了吗？"你才睁眼，妈妈就问你。

你摇摇头。

我跟着问，你又摇摇头。

奶奶、婆婆、公公，每个人都问一遍，你居然生气了，嘟着嘴坐在椅子上不说话。

"骗小孩的玩意儿嘛！"公公笑着说。

没想到，话才说完，你竟然放声大哭。好不容易擦干眼泪，去上学，放学之后，还是板个脸。

吃晚饭，电视里播出"小儿麻痹疫苗之父"沙克医生的纪念专题。

几十年前的纪录片——一群因为小儿麻痹，而一腿粗、一腿细得像根枯骨的小孩，穿着铁鞋和支架，一拐一拐地走着。还有一个在地上爬。

"他们怎么了？"你冷冷地问。

"他们得了小儿麻痹症，在疫苗没发明之前，许许多多小孩都这样死了，就算活下来，也多半成了终身的残障。"我说，"爸爸小时候，就有两个邻居的小孩，得了小儿麻痹症。"

"我会不会得呢？"你瞪大眼睛。

"你不怕了啊！因为沙克博士发明了疫苗，你不记得医生给你吃过一种粉红色的水水吗？吃了之后，就不会得小儿麻痹了。"

电视上的专题换了，先是喷出一团熊熊的火，一架航天飞机升空，接着在蓝天的背景上，爆成几道白光。然后是现场观众相拥而泣的画面。

"'挑战者'号航天飞机！"你说，"我们老师教过，七个人，包括一位女老师，都死了。"

"对！"我说。

"他们上去做什么呢？"你问。

"他们去寻梦。"

"寻梦？"

"不只是寻他们自己的梦，也是为我们每个人去寻梦，如果有一天，你能到太空去旅行，就得感谢他们的牺牲。"

“他们没寻到梦，好像我。”你摊摊手。

“对！沙克医生是寻梦者，为全世界每个人寻到‘不得小儿麻痹症’的梦。‘挑战者’号的太空人也是寻梦者，为我们去寻梦。他们的梦破了，也是我们的梦破了。”

拍拍你，我又说：

“所以，不要为你那小小的捕梦网，没能网到美梦而不高兴。我们寻梦，要寻人生的大梦，为大家寻梦，为世界寻梦……”

你懂不懂得爱

爱是要负责的，不是只让"对方"逗你开心，你要理就理，不理就不理的。爱需要耐心，需要恒心，需要谅解，需要宽恕。

今天我就猜到会天下不太平。

果然，你一进门就又哭又喊，接着跑来敲我的门，问我："'小银'为什么又死了？"

"我怎么知道呢？"我摊摊手。

我确实不知道啊，还是下午你妈妈来跟我说，你的那条叫"小银"的鱼好像有问题。

我跑上楼看，才发现小银已经死了。

一个星期之内，你的四条宠物金鱼，已经死了两条，我也很纳闷啊！

四天前，我不是特别为你装了一大壶清水，教你滴"去氯剂"

在里面，同时对你说，死了一条鱼，不知道是不是因为该换水了。如果直接换，控制不好温度，在凉水里加热水，又会造成水里的氧气不足。最好的方法就是先准备一缸水，放二十四小时，水温自然会跟室温一样，也就是跟你鱼缸的水温相同，再换。

可是那壶水一直放在你门前，两天过去了，你都没提。

我不是昨天傍晚又问你是不是该给鱼缸换水吗？

你那时正在做功课，只应了一声"好"。接下来，吃晚饭、练小提琴，你就站在鱼缸前面拉琴，也没听你说给鱼缸换水啊！

你现在怎能怪我没早换水呢？

孩子！鱼是你要养的，它们是你的宠物。既然你称它们为"宠物"，你就应该宠它们。

你养宠物，爸爸妈妈已经够辛苦了，鱼缸是我从店里抱回来的，鱼是你妈妈去挑的，过滤器是我组装的，水是我灌的，那些假水草和宝塔是我一样样放下去的。为了让它们站得稳，连爸爸宝贝的雨花石都拿去垫底了，又为了让你立刻看到美丽的缸景，爸爸把古董柜的灯泡也拆下来，为你装在鱼缸顶上。

你说，从头到尾，你的工作是什么？

不过是喂它们，对不对？

喂鱼是你的特权，因为你喜欢看它们争食的样子，又说鱼认识你，会对你笑。

有一天我管闲事，帮你喂了些鱼食，你回家来还发脾气，说我会把你的鱼撑死。

当你的"黑眼"死掉的时候，妈妈问你是不是因为喂得太少，饿死的，你还反驳她："鱼不知道饱不饱，它只会撑死。"又说你以前养的小白兔就是撑死的。

好！我们再也没有喂过你的鱼，现在"小银"又死了，你是不是还认为它是撑死的，不是饿死的呢？

你是不是该打电话去水族馆问问，到底一天该喂多少食物？

你是不是应该立刻请我帮你换水，而不是跑来责难我？

你哥哥小时候也养过一只天竺鼠当宠物，刚养的时候，哥哥天天都照顾，催着妈妈为天竺鼠买饲料，还每天为它清理大便。

可是没几个星期，他不宠了，不再管天竺鼠了，每次他到地下室，天竺鼠认出他的脚步声，都会尖叫，哥哥却只当没听到。

照顾天竺鼠成了爸爸和妈妈的工作。

直到有一天，天竺鼠死了，哥哥又好伤心把它埋到后院，还放了一大块石头，说是为天竺鼠立的碑。

我问你，哥哥真爱天竺鼠吗？那天竺鼠又真是他的宠物吗？

当然称不上！你不宠它，又怎么称它为宠物？还有，即使你宠它，如果只会逗它，却不照顾它、不对它负责，它仍然不能算是你的宠物啊！

孩子！爱是要负责的，不是只让"对方"逗你开心，你要理就理，不理就不理的。爱需要耐心，需要恒心，需要谅解，需要宽恕。

如果你照顾几天之后就不管了，如果你的宠物弄脏了屋子，或是咬你一口，你就生气，不要它了。你都算不得是有资格养宠物的人。

进一步想，如果有一天你谈了恋爱，只因为男朋友令你心烦、惹你生气，你就拂袖而去。你也算不得是个懂得谈恋爱的人。

孩子！别伤心了，你缸里不是还有"大金"和"小金"吗？
它们不是游得好快，看你走近，就赶快浮到水面吗？
来！我们快为它们换水加食吧！
来！打个电话向水族馆请教请教吧！
如果你发现自己过去对它们的照顾不够，就为剩下的这两条鱼多付出一些吧！

你是豌豆公主吗

我们知道你将来可能出去住校，可能面对不同的环境，我们希望你能有最大的弹性，适应各种的状况。

最近我们家的人，一下子变多了。

除了离开一年半的公公婆婆回来团聚，二姨、三姨也分别由台北和新加坡来到纽约，加上小姨出去度假，把两个孩子送来，使我们一下子成为十四口之家。

这真是你最兴奋的时候，爸爸可以从你的眼睛里，看到一种少有的光彩。你和表弟在院子里玩空竹，和二姨夫在地下室打乒乓球，和小表姐在公园游泳，而且学会了照顾小奶娃，抱着三姨不到一岁的娃娃走来走去。

当然，你也因此耽误了不少事，总听你抱怨弹琴时表弟跑去乱敲琴键；做功课的时候，表姐又拉你出去玩。你好像很矛盾，既舍不得不玩，又怕误了功课。

昨天下午，大家要去游泳，你也显得很懊恼，要我们为你决定——去还是不去？

哥哥先说话了，说他小时候最痛恨的事，就是从窗户看出去，别的小朋友都在街上玩，自己却被逼着写中文。

"所以，妹妹应该去游泳。"哥哥说，"大家都去玩，她一个人做功课，多痛苦！"

妈妈想想，也说："去吧！难得有个适合游泳的好天气，功课随时都可以做。"

于是，你去了游泳池。游了两个钟头才回来，直叫好过瘾。

只是，你晚上的脾气变得特别急，爸爸听得出来，你不论拉小提琴或弹钢琴，都显得有些浮躁，当爸爸问你："真弹完了吗？"你却说："练好了，已经没的练了。"只是晚上睡觉，你又对爸爸抱怨人太多，使你不能安心练。

现在爸爸就要问你了，过去你的功课好、音乐好，是因为我们家特别安静、人特别少，还是因为你特别用功？特别聪明？

如果人一多，你就垮了，是不是证明你过去比人强，只是因为环境好，而不是因为你自己努力？

让爸爸说个故事给你听吧！

当爸爸小时候，就像你这个年纪，总代表学校出去参加演讲比赛。

训练爸爸的是一位姓裘的女老师，她不但教爸爸抑扬顿挫的技巧和各种手势，而且把爸爸带到一个特别的地方去练习。

你猜，那是什么地方？

那是学校的福利社。好多小朋友在那里买东西、吃东西，又叫又笑，爸爸却得站在他们当中，正经八百地演讲。

那裘老师为什么这样做呢？因为她怕爸爸怯场，怕爸爸在演讲时有一点吵，就分心，忘掉演讲稿，所以存心带爸爸到那个吵闹的环境练习。

爸爸前两年回台湾，还去民生小学找那位女老师呢！爸爸要谢谢她，用那个方法教爸爸，使爸爸后来能在最吵闹的环境，仍然保持冷静。

再说个故事。

爸爸以前当电视记者，采访完下午的新闻，常常和摄影记者冲回公司，已经接近播新闻的时候了。

办公室里一团乱，打电话的打电话，剪接影片的剪接影片，大家叫来叫去、跑来跑去。我却得马上摊开稿纸，写新闻稿。

爸爸能不写吗？爸爸又能叫大家静下来，让我写吗？

当然不能！

亏得有小时候在福利社演讲的经验，爸爸居然很快就适应了。

如此说来，现在家里人多，不也正是你适应在喧闹环境工作的好机会吗？

好孩子！晚上当你睡觉时，爸爸和妈妈看电视，常故意把门打开，让你听得到外面的声音。

我们也偶尔在你卧室开盏小灯、偶尔开盏大灯，又偶尔让它一片漆黑。

我们这样做是有目的的——

我们希望你不是豌豆公主，只因为厚厚的床褥子下放了一颗豌豆而睡不好觉。

我们知道你将来可能出去住校，可能面对不同的环境，我们希望你能有最大的弹性，适应各种的状况，才不会像哥哥小时候，代表学校出去参加演讲比赛，因为睡不好而表现失常。

写到这儿，爸爸听见你正演奏贝多芬的《致爱丽丝》。虽然表弟在地上爬，三姨和三姨夫在旁边逗小孩，奶奶和哥哥在高声说话，楼下又有乒乓球声传来，你却弹得好极了。

爸爸真高兴，因为在今天的喧闹中，听到了你宁静的情怀。

小心怪叔叔

孩子，这世界上有许多陷阱，利用你的同情心、好奇心、贪心，甚至"顽皮心"，叫你跳下去。也就不知有多少人，因为一时的糊涂，毁了自己的半生。

一个学生逛完百货公司，刚要出门，突然有个女人，匆匆忙忙地跑来对她说："我的肚子痛，必须上厕所，可是我跟我先生约好，他就在门口的一辆白色的车子上等我，能不能麻烦您，告诉我先生一声！"说完塞了两包东西给她："这也麻烦您交给他！"

学生还没走出门，就被百货公司的警卫抓住。她抱着两包没有付钱的贵重商品，吓得呆呆地站在那儿，因为人赃俱获而百口莫辩。至于那先前说肚子痛的妇人和所谓的白色车子，则消失了踪影。

"这会是真的吗？"今天下午，你拿着《超越自己》上的故事来问我。

"当然是真的，而且就发生在我学生的身上。"我说。

"那学生后来怎么样了呢？"你又问。

"被带到了警察局，而且留下了偷窃的案底，只怕一辈子都洗不清。"

你听了，瞪大眼睛耸耸肩说："好可怕！帮助别人怎么还会这么危险？"

孩子，这世界上确实是充满危险的。你没看报上常登，有人装作向女学生问路，请求女学生带他去，再到阴暗无人的角落，露出狰狞的面目吗？

你没看到报上常登，有人在荒郊野外，把车子的引擎盖打开来，装作抛锚，拦车请人援助，再在那人伸头去看引擎时把人打晕，下手抢劫吗？

你没看见报上总是刊登神职人员性侵幼童的新闻吗？那些被侵害的孩子甚至要等十几年甚至几十年之后才敢出来指认。

孩子！你要知道，狼固然可怕。但是披着羊皮的狼更可怕。偏偏那些披羊皮的狼，看来常是比较文弱、比较没有侵略性，也比较不会让你戒备的人。

他们就好像老虎。据印度调查，跑到村落里吃人的老虎多半是老而有病的，它们没有能力在山里猎捕野兽，只好跑到村子里偷牲口、伤人。

所以，愈是看来不会侵犯你的，甚至看来和蔼可亲的，当他的举止怪异时，你愈要小心。

或许你已经不记得了——当你三岁的时候，有一次手脱臼，当爸爸妈妈带你去看骨科医生的时候，他除了检查你的关节、照 X 光，后来居然要检查你的下体。

爸爸当时很不解地问："为什么？"医生笑笑，说："这是美国政府的规定，怕小孩受伤是受到侵犯时挣扎造成的。"

还有一件事，相信你也不记得了——当你小时候，每次旅行都背着一个小背包，旅行中我每天都会检查那背包，尤其在要上飞机、过海关之前，必定把你的背包检查一遍，然后扣好。

这是因为许多走私的人，会趁大人不注意，把毒品放在小孩的背包里。海关人员通常不会注意小孩，于是在"过关"之后，那些人再从小孩背包里把东西拿回去。

我曾经亲眼看见在机场外，一位母亲大声骂一个她不认识的女人，为什么从她小孩的背包里偷东西。

"那是我的！暂时放她那里一下。"那女人一边喊，一边跑开。

我今天还画了一个旅行箱上的标签给你看，那是因为你听不懂我说的那种"有盖子的识别标签"。

我一边画一边告诉你，许多人旅行的时候在箱子上挂个很大的牌子，上面写着姓名、住址、电话，以为很聪明，岂知许多歹徒就利用了这一点。

他们在机场记下牌子上的资料，立刻跑到那旅行者的家里，说路上出了车祸，知道是那家的人，然后借口要找吊车和上医院，向家属骗钱。

这时候，家属如果不查，或拨手机问旅行的人，旅行的人又已经上了飞机，无法接听，家人在惊慌失措的情况下，常常就上了大当。

所以我对你说，以后旅行箱上最好挂那种有盖子的会遮住姓名、地址、电话的牌子。即使没有，也要把字写小一点，免得被人一眼看清。我们甚至跟你约定"暗号"，任何人说是爸爸妈妈请他带你去，一定要报出"暗号"，你才能信。

最后，让我再说个故事给你听。

有一群高中生，到某个落后国家旅行，进入一个古迹，看见墙边堆了成千上万个"釉彩小泥人"，觉得好可爱。四周看看，没有管理员，也没摄影机，有个学生就偷拿了一个"纪念品"。

岂知当他出海关的时候，行李才过 X 光机，就被抓了。

行李检查员一伸手，准确地拿出里面的小泥人，接着冲来好几个荷枪实弹的军警，把偷小泥人的学生架走。

"偷文化古物要判处死刑的！"军警用枪指着学生吼，"你要怎么赔偿？"

那学生吓得脸色惨白，跪在地上求饶，不仅掏出身上所有的钱，还去向同学们借了许多，去贿赂官员，才终于被释放。

当他走出审问室时，却发现一个警卫正把那小泥人扔进纸箱子。

箱子里居然有一堆一模一样的小泥人。

这个故事，是我从导游那儿听来的，据说那小泥人都是复制品，而且都含铅，对 X 光特别敏感。那个国家不晓得用这种方法吓破了多少观光客的胆，罚了多少观光客的钱。

你或许要说他们奸诈，对不对？

但我问你，那学生是不是偷了东西？

孩子，这世界上有许多陷阱，利用你的同情心、好奇心、贪心，甚至"顽皮心"，叫你跳下去。也就不知有多少人，因为一时的糊涂，毁了自己的半生。

你很快就要去毕业旅行了，我说这么多，希望对你有一点帮助。

两个男人的战争

一边是亲爱的父亲，一边是心仪的男友；一边是"从出"的父亲，一边是将"出从"的爱人。千百年来，有多少女子面临这样的抉择。

看安徒生的童话故事《养猪王子》（*The Swineherd Prince*）。

王子向邻国的公主求婚，送去他最珍爱的玫瑰花和夜莺，但是公主一点也不欣赏，她把玫瑰扔在一边，又把夜莺放掉了。

不死心的王子把脸涂黑，混进皇宫当个养猪的人。

有一天，公主在花园里听到一阵从没听过的美妙旋律。原来是养猪人在玩一个乐器。

"我要这乐器。"公主说。

"除非你用一百个吻来交换。"养猪王子笑道，"否则不给你。"

公主太喜欢那件乐器了，只好叫宫女围在她的四周，挡住别人的视线，然后在中间亲吻王子。

不幸的是，国王远远看见宫女奇怪的举动，跑去查看，发现女儿正亲吻养猪王子，于是一怒之下，把公主赶出了皇宫，再也不要女儿回家。

看莎士比亚的《李尔王》（*The King Lear*）。

年老的国王问三个女儿有多爱爸爸。

大女儿说："我爱父亲甚于爱我的眼睛、我的生命。"

二女儿说："这世界上只有爸爸的宠爱，能使我感到幸福。"

国王高兴极了，把国土的各三分之一送给两个女儿。

接着他问自己最爱的，唯一未出嫁的小女儿。

"我不能保证在这世界上我只爱爸爸。"小女儿很坦诚地说，"因为我会结婚，我总会分一半的爱给我的丈夫……"

国王发怒了，立刻断绝父女关系，连为她说情的老臣，都一起放逐。

看美国电影《华盛顿广场》（*Washington Square*）。影片描写一个富有的医生，自从太太难产死去，就守着唯一的女儿。

他让女儿受最好的教育、穿最讲究的衣服、养成最好的礼仪。但或许因为他管得太严，使那本来已经相貌平平的女儿，变得更为拘谨。

她怯于社交，拙于言词，尤其遇上男孩子，更是手足无措。

令人惊讶的是，在一次酒会上，一位仪表堂堂的男子，居然爱上了她，总借口到她家里走动。

医生紧张了，问自己的女儿："他凭什么爱上你？他爱你的人，还是爱我的钱？"

医生也偷偷造访了那个男孩子，他果然一无所有，甚至没有工作，于是医生回家警告女儿：

"你如果嫁给他，就得不到我的一文钱。"

在富有的爸爸和穷苦的男朋友之间，女儿选择了后者。

只是，当她对男孩子说："我什么都不要了，宁愿跟着你去吃苦，带我走吧！"男孩子居然变脸，离开她，去了南方。

多年后，医生临终，问自己的女儿："你还等他吗？如果你还打算嫁给他，就得不到我的遗产。"

女儿还是没有松口。

医生死了，律师宣读遗嘱，偌大的家产，只留下一栋房子给女儿栖身，其余的全捐给了慈善团体。

女儿一辈子没结婚，靠在幼稚园教书过了一生。

读中国古代笑话——

有个女子的父亲和丈夫一起作案被捕，判了死罪。

女子跑去对县太爷哭诉："我一下失去两个至亲，怎么活？"

县官想想也是，就说：

"这样吧！我留一条命，由你挑，要你爸爸死，还是丈夫死？"

女子幽幽地说："这让我太为难了，一边是爸爸，一边是丈夫，您要我怎么挑呢？"叹口气。"我穿着衣服见爸爸，脱了衣服见丈夫，到底谁比较亲呢？"

县官笑笑："我知道答案了！"

接到一个女子的信，画面非常强烈。

"我妈妈早死，我从小学六年级就开始烧饭给爸爸吃。"女子在信里写，"烧了二十年，烧到他老，也烧到我老。大家都说我孝顺，可是我也想恋爱，想结婚，想有个爱我的丈夫啊！但是每次我交男朋友，我爸爸就发疯，没把人家骂走，也把人家吓走了。有一天，他又赶走一个我喜欢的男孩子，我气了，把衣服脱光，冲到他面前，对他吼：'你要吗？给你呀！二十多年，我是做了妈妈做的事，但我毕竟不是你太太，你也不是我丈夫，你是我爸爸啊！他也不是坏人，是帮你继续爱我一生的人哪！'我爸爸怔住了，不再说话，转身掏出存折和图章，交给我……"

白雪公主跳上王子的白马走了。

灰姑娘跟着王子进宫了。

美女爱上野兽，留在了城堡。

小美人鱼，只为单恋王子，就毫不犹豫地离开家，找海中的女巫，用自己美妙的声音交换，变成人，再也不回头。

希腊神话里尼苏斯王的女儿，因为看见父亲的敌人迈诺斯英俊魁梧，竟然偷偷剪下父亲神力的"红发"，投奔敌营。

一边是亲爱的父亲，一边是心仪的男友；一边是"从出"的父亲，一边是将"出从"的爱人。千百年来，有多少女子面临这样的抉择。

"留来留去留成仇"，千百年来，又有多少父亲的"怒脸"，能了解女儿依依不舍，却不得不走的"哭脸"？

　　"他不是抢你女儿的人，是帮助你，继续爱你女儿一生的人。"
那女子在信中写的句子真好。

每当有人赞美你是天才时，请看看自己的脚，有没有实实在在地站在地上。你不可因此而轻飘飘地飞，反要走得更实在。

谈成长

智商篇：你的书里有神吗

你千万别认为那些不会背单词、不会应付考试的人就笨，他们也可能因为脑袋长得不一样。如果他们像我一样，早早认识自己的弱点，找出解决的办法，打开属于自己的那扇门，就可能一下突破，甚至比书呆子强十倍。

谈学习：你的书里有神吗

那些书是不是也因为我常翻、常读，伴我食，伴我眠，而有了神？抑或，它们还只是一本本冷冷的书，没有生命，早被遗忘？

你的钢琴老师江天，昨天来我们家，当你去找琴谱的时候，他就很高兴地自己演奏起来。

"史坦威专业演奏家"毕竟不凡，整个房子都充满他热情洋溢的琴音，尤其弹到强烈处，连地板都感觉到震动。

"这琴还可以吗？"看他告一段落，爸爸过去问。

"很不错！很不错！虽然你说已经买了十几年，可是一弹就知道，没经我这样的人弹过。"江老师笑着说。大概看爸爸不太懂，又加了一句：

"就是像我这样专业的人砸过。"说着，双手挥舞，"砸"出一串音符。

"经你这样用力弹过的琴，会不会容易折旧？"爸爸问。

"差的琴会，但如果是好琴，砸上两年，感觉反而更好。"他伸手到琴盖下，指指里面的木槌，"这槌上棉垫子的撞击会不一样。"歪着头笑笑，"说不上来，反正就是不同。有一种更充实、更饱满的感觉，那是'有神'。"

他这番话使我想起有一次在台湾跟朋友去郊游，大家坐在大石头上聊天，朋友两个顽皮的儿子闲不住，攀上旁边的大树。

"下来！"朋友的太太吼，"危险！"

"他们是爬树专家了。"朋友不以为然地说，"成天看见他们在公园里爬树，你不是都不管吗？"

"公园里那两棵树不一样！"

"有什么不一样？"

"公园里的树，从小树时，就一堆孩子拉着枝子荡秋千，一路玩，一路爬，长成现在那么大的树，那树早习惯了被人爬，孩子也都习惯了爬那棵树，当然不一样。"

朋友的太太一边说，一边过去把那两个孩子拉回来，"树也有灵性啊！你们懂吗？"

这叫有神！

提到有神，记不记得曾来家住的薰仪，她有一阵子专门研究布袋戏，成天往戏班子跑。

"研究这么久的布袋戏，有什么心得？"有一天，爸爸问她。

"有有有！就是布袋戏偶跟人一样，要常玩！"

"这是什么意思？"爸爸问。

"意思是，你要以对真人的态度，来待那些木偶；你要常玩它、常逗它，它才会高兴。"她咯咯地笑了起来，"老师，你相信吗？几个布袋戏偶，挂在那儿，你很容易就能看出来，'谁'常被玩，'谁'又总是被冷落。"

"常被玩的大概看来比较旧。"爸爸不以为然地说。

"常被玩的比较有神。"她答。

再给你说个故事：

大学时，爸爸上国画大师黄君璧老师的课。

黄老师在教桌上一张张检视学生的作品，常常看到一半，抬起头，伸出手："把你的毛笔拿来给我。"

学生就赶紧回座位拿毛笔。

"把剪刀递给我。"黄老师又一伸手。

大家就知道，老师要修理毛笔了。

天哪！一支日本制的"长流"毛笔，要花掉学生十天的饭钱，黄老师居然用剪刀狠狠地剪去了笔尖的细毛。

"你的笔太新，点不出好的'苔点'①。我帮你作旧。"黄老师一边剪、一边说。又叹口气：

"唉！新笔容易得，老笔不容易得啊！真正好用的笔，还是得跟你几年之后，才成啊！"

"才成什么呢？"有一次爸爸问。

"有神！"黄老师大声地回答。

---

① 山水画中通常点在岩石和树皮上的小黑点。——编者注

我们常说："读书破万卷，下笔如有神。"

这"神"可能是"神来之笔"，因为"熟"，而生的"巧"。

这"神"也可能是一种气质，在自然间流露的神韵。

但是换个角度想，神不也可能来自那被读破的"万卷书"，和被我们用过千百遍的"笔"吗？

看看书柜里的书，笔筒里的笔，那里面是不是印了我们的手泽？染了我们的汗渍？藏了我们的岁月？

爸爸盯着书架看，想起"常弹的琴、常爬的树、常用的笔和常玩的木偶"。

那些书是不是也因为我常翻、常读，伴我食，随我眠，而有了神？抑或，它们还只是一本本冷冷的书，没有生命，早被遗忘？

爸爸也想，有一天，爸爸把这些书留给你，你会不会在上面读到爸爸的眉批，看到爸爸的"神"？还有，你会不会也读那些书，把你的神灌到其中。

正因此，今天晚上，当爸爸走进你的房间时，会突然问你："你的书里有神吗？"

谈记忆：如果你长了奇怪的脑袋

我把"读"进去，变成"看"进去；把"强记"改为"潜移"。居然大部分的重点，渐渐自然植入脑海，后来反比那些死记的同学背得牢。

相信读者一定早听说，我小时候功课不怎么好，尤其在高中，但是我居然用最后两个月，进入第一志愿——台湾师范大学。

如果你问我为什么这么神，我的答案是：因为我用了特殊的读书方法，产生了事半功倍的效果。那特殊的方法之一，就是"浸润法"。

我们常说一个人在某方面"浸润"或"浸淫"很深，又说某人是"家学渊源"，受到"潜移默化"。这些形容词，讲的都是"在环境中，不知不觉地学习"。

举个简单的例子，当我儿子小时候，我在家里的日常用品上，都贴字条，写着"门""窗""桌""椅""冰箱""电话""电灯"……因为他才两岁，我只是贴，并不教他念。

但是，隔不久，我把那些字条揭下来，一张张问他，他居然立刻说出是什么，这就是"浸润法"的效果。

"浸润法"基本上是自然发生的，如同"孟母三迁"，讲究学习环境，但是如果能加一点"有意"的力量，效果会更好。

我就曾经在刚来美国的时候做实验，每天坐巴士上下学途中，一路盯着路边的招牌看。那时候我的英文烂透了，几乎处处是生字；我先不查字典，看橱窗里的东西，猜它招牌上的字。隔一阵，还不懂，就查字典。

上午查，可能中午就忘了，可是跟着坐巴士又看到，死命想，想不起来，又回来查字典，写在纸条上放进口袋，再记不起的时候，就拿出来瞄一眼。

看一次两次，加上每天上下学一路看。居然没多久，自自然然地背了两百多个生字。一直到今天，我都记得当时最不会记的是礼服店招牌上的 tuxedo，而且眼前浮现出那家礼服店门口的样子。

我发现用这种"浸润法"学到的东西，因为跟生活结合，所以记得特别牢。

我儿子十八岁时跟着我到大陆旅行一个多月，学会了简体字，也是靠这方法。因为我一路指着路边的招牌问他："这是什么字？"

一次两次三次，你想想，烦不烦？

对！烦！问题是：愈烦印象愈深刻。

刚才我提到总不记得 tuxedo 这个词。你可能觉得奇怪，想我为什么连只有六个字母的词都记不住。

没错！因为我笨！也可能因为我脑袋长得不一样。你要知道有些人天生会"读书"，但不会"用书"；又有些人很聪明、很机灵，却不会读书。

你千万别认为那些不会背单词、不会应付考试的人就笨，他们也可能因为脑袋长得不一样。如果他们像我一样，早早认识自己的弱点，找出解决的办法，打开属于自己的那扇门，就可能一下突破，甚至比书呆子强十倍。

我很早就发现自己脑袋有"死角"，许多简单东西，硬是记不住。

于是好像打仗，发现敌人守得太好，我久攻不下，就立刻改变战略，由"攻坚"改为"包围"。无论念历史、地理、英文或国文，只要碰上不容易记的东西，我就"跳过"。但在跳过之前，会把那记不住的重点或单词写在课本或参考书的最边上。

正因为在最边上，每次翻书，我的眼睛都会掠过。而且当我读后面几章的时候，一定先快速地把前面几章翻一下，使那些"重点"一次又一次跳进眼睛。

也可以说，我把"读"进去，变成"看"进去；把"强记"改为"潜移"。居然大部分的重点，渐渐自然植入脑海，后来反比那些死记的同学背得牢。

为什么？

因为那就像我看街边的招牌，不断闪过，不断闪过，仿佛在底片上"重复曝光"，深深地"印"在了脑海中。

谈灵感：寻找灵感

> 灵感好像是一种"天外飞来"，可遇不可求
> 的东西，却可以因为我们的努力寻找而变得容易。

今天当我问你为什么许久未见你写作时，你回答"因为没有灵感"，话说得很轻松，却使我相当吃惊，因为我发现你患了一种没有严重症状，却又最糟糕的病，一种使许多原本具有潜力的作家，到头来一无所成的毛病。

什么叫作"没有灵感"呢？这只是许多人在没有创作时的一种托词。

有句名言：

若你呼唤那山，
而山不来，
你便向它走去！

同样的道理，当你没有灵感时，为什么不去寻找呢？

"日有所思，夜有所梦"，你会发现灵感也如此，你愈是寻找它，它愈会出现。虽然好像在意外中突然涌现，实际却是因为你在不断地寻找，所以它的出现才会使你惊艳！

惊艳，对的！我们可以说灵感来临时，会像你突然看到一个出奇美丽的女孩子一般惊喜。但是你也要知道，如果你希望看到漂亮的女孩子，最好常参加交际，或往女生比较容易出现的场所跑。如果天天待在家里，或往男生堆里钻，是很难有惊艳的机会的。

所以惊艳看来是一种机遇，但是这机遇却可以创造。灵感好像是一种"天外飞来"，可遇不可求的东西，却可以因为我们的努力寻找而变得容易。

有个人带了一台傻瓜相机在公园里闲坐，看到一群可爱的孩子从面前跑过，突发灵感，举起照相机拍下来，居然参加摄影展得了大奖。

另外有个人，早上起来突然想要出去摄影，又接着灵光一闪地想到何不拍拍小孩子，再飞来一个灵感是：何不到贫民窟拍穿着破衣，却满面天真、惹人怜爱的孩子？于是他准备好各种器材，转两三班车到了贫民窟，又守了一整天，从上百张的照片中选出一张参加摄影展，也获得了大奖。

他们的结果相同——都拍到了好的作品，得了奖。过程却有多大的不同？

你当然会向往前者，因为那灵感来得巧，几乎不费力气，举起傻瓜相机，咔嚓一声就成功了。问题是，那种机会是不是常会出现呢？比较起来，反而后者更容易把握，也更能保证你成功。因为守株待兔的人，可能不费力气地得到一只自己撞死的兔子，却绝不会像猎兔人一样，虽然辛苦，但总能有所收获。

"天若有情天亦老"，这流传千古的名句，想必你早知道。但是你晓得它的作者李贺，是用什么方法寻找灵感吗？他每天一大早便骑着瘦马出去，到处发掘灵感，并把得到的感触记下来投入锦囊之中，直到晚上回家之后。再把那许多灵感加以整理，成为完美的作品，当你没有灵感时，何不学学李贺，出去找寻呢？

当然也不是说灵感非要到外面去找，丰富的生活体验固然可以带给我们灵感，前人的作品也可以引发我们的情思。所以古人说："终日之思，不如须臾之所学也。"当我们整天苦苦寻找灵感，发现灵感的泉源依然枯竭的时候，另一个泉源往往就在你的身边。你可以由再充实、再学习，加深自己内涵的过程中，获得新的灵感。

疏影横斜水清浅
暗香浮动月黄昏

当我们吟咏宋代诗人林逋的这两句诗时，有谁会想到它实际是出自五代南唐江为的"竹影横斜水清浅，桂香浮动月黄昏"呢？

当我们看莎翁名剧《奥赛罗》时，有谁会想到那是出于意大利钦蒂欧（Cinthio）的作品《故事百则》（*Heca tommithi*）中的《夫与妻之不忠实》？

如同吃东西。当我们把外来的食物消化之后，它就能成为自己的血肉；当我们阅读前人作品的时候，也能勾起灵感，而创作出属于自己的作品。

　　年轻人！灵感就像我卧室窗外不断来访的小鸟，它们成群地来，是因为我放了喂食器和谷子。我能够清楚地观察它们，是因为我挂上了可以隐蔽自己的百叶窗；至于能够把它们搬上画纸，成为我作品的一部分，则是由于我总是准备好纸笔，随时速写它们的生态。

　　你说，我是因为总有灵感来找我，才能不断创作，还是因为我不断寻找灵感，以至于有所收获呢？

　　所以从今天开始，我希望你再也不要说"没有灵感"！

谈读书：读书可以像看戏

有时候怎么"死背"都记不住的东西，只要在诗句旁边勾几个简简单单的小图画，就记住了。

以前给女儿上中文课的时候，我问她记不记得古时候有个人很会耍斧头，常到国王面前表演，但是突然间，他不再表演的故事。

她歪着头想了一下，说不记得了，只记得那人的斧头很准，绝对不会砍偏。

于是我在她课本旁边画了个耍斧头的人，简简单单地勾了一个人的侧面轮廓，又在那人的鼻子上涂了几笔。还没画完呢，她就叫，说她想起来了，是有个人常带朋友一起表演，先在那朋友的鼻子上抹一点灰，再舞动斧头，从朋友面前砍过去。朋友一点没受伤，大家以为斧头舞空了，但是细细看，才发现他鼻子上的灰已经不见。后来，那人突然不再表演，国王问为什么，是不是不准了？他说他一点也没退步，只是那一起表演的朋友死了。

你知道我为什么不直接提示我女儿，却要画个漫画吗？因为通过"图像"是最好的记忆方法。我相信今后她再也不会忘记这个故事，漫画会留在她的脑海，更加强她的记忆。

记得不久之前，有一天我要女儿背孟浩然的《过故人庄》，她只想起"故人具鸡黍，邀我至田家"，就背不下去了。

于是我两手指着窗外的树，再把手合起来。

她马上就笑说："绿树村边合。"

接着我指向远方，做出山的手势。

她说："青山郭外斜。"

我又做成开门的样子。

她想起来"开轩面场圃"。

我再比出"举杯"的样子。

她说："把酒话桑麻。"

我又伸出九根手指，而且比了两次；指指眼睛，用双手做成花朵的样子。

她便说："待到重阳日，还来就菊花。"

这种以手势增加想象的方法，也是"图像化"。

我们可以说，世上大多数的东西都能图像化，就算"绿"或"重阳节"这些不容易图像化的东西，也可以靠前后的东西衬托出来。又好比孟浩然的诗，只用几个简单的手势提醒，我女儿就想起了全部。

我过去读书，常用这方法。有时候怎么"死背"都记不住的东西，只要在诗句旁边勾几个简简单单的小图画，就记住了。

别说你不会画，那不是画很精致的作品，只是勾个样子，产生提醒的作用啊！

你也可以不画，用演的，使自己进入读的内容。尤其文学作品，因为作家常常先有画面，再写出来，文中充满"意象"。甚至一整段，你都能像剧本般轻轻松松地演出来。

举个很古老的作品为例——《诗经》里的《硕人》篇。相信你一定看过这首形容女孩的诗，就算不记得整首，也对其中一些句子有印象。

它描写的美女叫庄姜，从今天的角度看，庄姜一定像模特儿，高高的个儿，穿着锦衣，外头还罩个袍子。

那诗是这样形容庄姜的：

手如柔荑，肤如凝脂，领如蝤蛴，齿如瓠犀，螓首蛾眉。巧笑倩兮，美目盼兮。

翻成白话是：

手像小草芽般柔嫩，
皮肤像油脂般滑腻，
脖子像木虫般白皙，
牙齿像瓠瓜子般整齐，
宽宽像蝉似的额头，弯弯眉毛如蛾子的触须，

笑起来两个酒窝多漂亮，

黑白分明的大眼睛，左右顾盼真美丽！

如果你觉得不好背，只要这么想：

写诗的男孩，先低着头，不敢盯着女生，只敢看她的手。

然后，他的眼睛偷偷往上移动，看到手臂的皮肤。再往上，看到女生的脖子。

再往上，看到整齐的牙齿。

终于壮起胆，看女孩的额头和眉眼。

这首诗写得多精彩啊！精彩在它描写的次序，由手往上，渐渐到重点，再用生动的一颦一笑、左右顾盼，在最后面压轴。

只要你也变成那羞怯的男生，也这么想象一遍，不是就能把整段诗背起来了吗？

于是"背死书"变成"活读书"，你因此更能深入欣赏那文学作品，使书中的人物和情节变成真的，跳进你的生活。

读书要这样，才记得牢，也才能成为一种享受哇！

谈潜意识：请小鬼帮忙

他为什么有那样神奇的梦？很简单，因为他
在"有意识"思考时，也把问题放进了"潜意识"。
就算"有意识"放弃了，"潜意识"仍在偷偷地
工作。

不知道你有没有这样的经验——

一、你跟朋友聊天，谈到某人，但是话到嘴边，你把名字忘了。
停下来想了好几秒钟，大家都盯着你，等你说，但你实在一时想不
起来，就说："算了！真是忘了！"于是大家继续其他的话题，但
是聊了好一阵，你突然触电似的说："有了！刚才没想起的那个人
叫某某某。"

二、你已经熄灯就寝，都要进入梦乡了，突然大叫一声"不好"，
发现你忘了处理一件事。于是赶紧跳下床，把事情做完。

上面这种经验，大概人人会有，问题是你有没有想过，为什么

已经被"搁下"的东西，会突然闪到眼前？

谈话时忘了某人的名字，你已经不再费脑筋去想了，大家也把话题扯到别处，为什么那名字还会半路"跳出来"？

睡觉时，你没有检查记事本，也没去想，为什么莫名其妙地，就有东西从脑海深处冒出来？

那些"天外飞来"的东西，好像躲猫猫时藏在暗处的小朋友，大家都出来了，他还躲着；当大家以为他已经偷偷溜回家的时候，他才突然出现，笑说："喂！别忘了还有我呢！"

今天我要跟你谈的就是这个躲在深处的小鬼——"潜意识"。

"潜意识"不是"下意识"。你每次进一个房间，都伸手去墙上摸开关，开灯。今天打开门，灯已经是亮的，你还是去摸开关，那动作属于"下意识"，常因为习惯造成。至于"潜意识"则比"下意识"更深一层，它常常是难以分析、推理的。它躲在那儿，随时会出现，也随时会作怪。

当然，我们不希望它作怪，只希望能利用它，暗地里帮我们做事。

许多成功的人，都懂得利用潜意识。当别人只用"有意识"思考的时候，他们多加了"潜意识"的帮助，就好像比人家多了半个脑子。

举个例子，一九五〇年诺贝尔文学奖得主，大思想家罗素（Bertrand Russell），就很明白地在回忆录里说他怎么利用潜意识。

他说当他还年轻的时候，每次面对难题，都怀疑自己没能力解决，甚至烦躁到有些神经质。但是渐渐发现，硬去想，常常只是浪费时间，反不如把那个题目先苦思一阵，接着抛开，放到潜意识中思索。过一阵子再想，问题就容易多了。

罗素还说这么做有个好处，就是他可以利用那段交给潜意识思考的时间，去做其他的事。

爱因斯坦也说，他"因为苦思，常常弄得头昏脑涨，不得不躲开几个星期"。但那不是真的躲开，而是放到潜意识里思考。所以在丹尼斯·布莱恩（Denis Brian）的《爱因斯坦全传》（*Einstein:A Life*）里说："（发现相对论的）前一天，爱因斯坦失望地回家，心想要从已知的事实里发现真理，根本不可能……不过第二天醒来时，他非常激动，说他的脑袋好像经历了一场大风暴，答案居然找到了。他终于开启了上帝的智慧，解答了宇宙的奥秘。"

还有个例子，是德国化学家柯库尔（Friedrich August Kekulevon Stradinitz），你知道他是怎么发现苯的分子结构吗？

他跟当时的科学家一样，整天想，想不出来。直到有一天晚上做梦，梦见有好多原子在他四周旋转，那些又大又奇特的长链子，像蛇一样扭曲。突然，一条蛇咬住了自己的尾巴，变成环状，柯库尔好像被闪电击中醒来，接着发表了苯分子的环状结构。

他为什么有那样神奇的梦？很简单，因为他在"有意识"思考时，也把问题放进了"潜意识"。就算"有意识"放弃了，"潜意识"仍在偷偷地工作。

我自己也有个深刻的体验。发现当我专心写"深情系列"的时候，看什么都能联想到情爱，成为抒情散文。但是改天，专心写小说时，无论看电视、翻报纸，又总有活生生的故事跳进眼睛。

所以我会在《萤窗小语》里说："如果你想要抓住灵感的云雀，就要时时准备好网子。"

我们非但日有所思，夜有所梦，而且当你像罗素和爱因斯坦一样，先苦思一阵，再把那东西放掉，却又偷偷悬念的时候，它就进入"潜意识"。也可以说，当你带着"它"，在脑海里的大路上跑一阵之后，可以把它放进路边的草叶，让它自己找路，在深山野径里奔跑。

我绝不是乱说。据研究，我们左右两边的大脑是可以各自思索的。有些人因病，不得不将两个脑中间的"胼胝体"切开，居然能够同时拥有两个"心智"。还有些人因病而半边脑萎缩，居然还能过得好好的。由此可知，我们甚至可以用左脑想一件事，用右脑想另一件事。

我也记得医生谈到脑溢血时说：脑里有很多很多路，当这个地区毁了，路不通了，脑里会自动想办法绕道，开出新的路。正因此，许多患脑溢血而不能说话、不能行走的人，能逐渐康复。

而且脑里的道路，有大有小，那些小路，你一阵子不用，就杂草丛生，相反，愈是用的人，愈是畅通，而且能把小路走成大路，思想得更快、记忆得更好。

无可否认，潜意识思索这个题材可能深奥了点，但是听我说这许多，相信你应该有了一点概念——当你苦思不通，使自己陷于焦虑的时候，不如先放下，去做别的事，让问题在潜意识中酝酿。

但是注意哟！你先要把它当件大事，才能驱动潜意识。如果你根本不在乎，或一"放下"就"全放下"了，完全不悬念着，就不可能让潜意识发挥作用。

谈效率：人人可以一石二鸟

在这个飞速进步的时代，每个人都会被逼得分秒必争。成长是学习用时间，成熟是懂得用时间，成功是能够掌握时间。

今天午餐后，我和太太坐在客厅看报，女儿走过来靠在沙发后跟她妈妈聊天，聊了好久好久，又开始抱怨该买运动衣了。我就问："该买为什么不去买？"女儿很不以为然地说，因为她和妈妈都没空去买。

我又问："那为什么有空聊天？"

她则一瞪眼，说因为她有事要告诉妈妈。

听起来似乎她很有道理。但是，我又接着说："既然你和妈妈都有时间聊天，为什么不用那时间去买衣服呢？你大可以在车上跟妈妈说话。然后到店里立刻挑，买好就回家。"

可不是嘛，算一算，以她下午跟妈妈聊天和抱怨的时间加起来，如果"立即行动"，非但不会误了聊天，而且已经买回了衣服。

我发现大多数时间不够用的人，都因为他们不懂怎样在同一时间做两件事。

我儿子在这个年龄也一样，举个例子——

有一天，晚上十二点半，他说功课少，能早一点睡觉。

我听了很高兴，因为史岱文森高中的功课压力很大，常搞到两三点才能上床，他实在需要抓紧时间，补充一点睡眠。

跟着我听到他开微波炉的声音，隔两分钟又听到他切东西，刀叉在瓷盘上的声音，又隔了好一阵，听见放洗澡水的响声。

再隔了半天，听见他开收音机的声音。

又隔大约二十分钟，突然听见"砰"的一声。

我一而再再而三地被吵醒，看看钟，已经接近两点了，很不高兴地出去骂他。

他居然理直气壮地说他一点都没浪费时间。开微波炉是为了热火腿，用刀叉是为了把奶酪切成小块。后来水声很吵是因为白天上体育课，身上痒，要放缸洗澡水泡一泡，开收音机是因为外面已经下了好几个钟头的雪，要听听明天停不停课。后来发现不停，于是收书包。收完书包扔在地板上，所以发出"砰"的一声。

乍听，他说得一点都没错。问题是，碰上懂得"一时两用"，甚至"一时三用"的人，可能只要一半的时间，就能完成同样的事。

他按好微波炉之后，如果不站在旁边等，而立刻切奶酪，东西切好，火腿不是也热了吗？

然后，他可以先去开洗澡水，再打开收音机一边听广播，一边吃东西。再不然，他可以坐在浴缸里听音机，并想想第二天要带到学校的东西。

因为先想过一遍，收拾书包的时间必定可以缩短。

整个算起来，由于在同一时间都做了两件事，甚至是三件事，是不是能节省一半的时间？

这是个高速度的时代，又是个资讯爆发的时代，有永远干不完的事、吸收不完的知识，所以只有懂得利用时间，在无形中好像比别人多许多时间的人，才能跑在最前面。

提到资讯，最近我太太也问我为什么做事那么快。

当时我举了个例子，对她说：

"你知道吗？刚才在看电视新闻的时候，我除了烧咖啡，还已经发出去五篇稿子，写了一封信，又看了全球股票市场，而且往台北办公室发了一摞传真。"

我是这样掌握时间的——当电视播广告时，我烧上咖啡，同时按一下笔记本电脑的启动键，接着去传真机上放好文件，拨台北号码，立即按"发送"，并且头也不回地赶到电视前看新闻。这时电脑已经"无线上网"，我一边看电视，一边看邮件，并在下一次广告时段发出短信，同时把咖啡端到椅子旁边。

广告完了，我继续看新闻，并且在不重要的新闻时，将几篇稿子转发出去，同时啜几口咖啡，看一看股市。直到新闻完了，我才回到传真机前，看看东西传出去没有，如果没有，再按"重拨"。于是在短短五十分钟的新闻时段，我既没错过新闻，也没误了工作。

我绝不站在电脑或传真机前等它激活或拨通。也绝不守在咖啡机前，等它把水烧开化为蒸汽，往下凝结成浓缩咖啡。

因为那些机器自己会运作，而运作需要时间，绝不会因为我守在旁边快半秒钟。懂得利用时间的人，先要知道怎么操作这些聪明的机器，让它帮你省时间。而不是守在机器旁边，让自己成为机器的仆人。

儿子小时候不懂得用时间，现在可进步多了，我最高兴的是，在台北，有一天我和他进电梯，我先按"楼层"，再按"关门"，他居然纠正我：

"爸爸，你为什么不先按关门，在电梯关门的时候，再利用那几秒钟的时间按楼层，这样可以省好几秒呢！"

于是我得到个结论：

在这个飞速进步的时代，每个人都会被逼得分秒必争。成长是学习用时间，成熟是懂得用时间，成功是能够掌握时间。

谈考试：考场不是刑场

记住！想要考试不失常，很简单，就是要有"平常心"。因为你是上考场，而不是上刑场！

我们常说某人是比赛型的选手，意思是这个人比赛的时候表现特别棒，譬如平常进球率是四成，上场之后总在五成以上。相反，那些不是比赛型，甚至会怯场的球员，平常进球率是五成，正式比赛可能三成都不到。

我们也常常说某人考运特别好，意思是他在考试的时候总能正常发挥。至于考运不佳的，即使平常会答，到考试也很可能失常，变成不会了。

这里就来跟大家谈谈"怎么应考"。

我是很会修理学生的老师，很多平常表现不错的学生，上我的课，都可能在第一次考试的时候出问题。

原因是，我出题很诡。举个例子，当我教"东亚美术概论"的时候提到中国绘画用的蛤粉，是以贝壳磨碎做成的白色颜料。考试的时候，我出是非题，用娓娓道来的方式说："如果你在水边玩，捡回很多蛤蜊，用烤箱烤过之后，再把那些蛤蜊壳磨碎，加上胶水，可以做成黑色颜料。"学生往往才看一半，就答"对"。没想到我把"白"色颜料改成了"黑"色颜料。

又譬如我出个很短的是非题："歌德是德国人。"学生很可能想我是顺着"歌德"的"德"，就说他是德国人，千万别中了我的埋伏，就猜是"错"，没想到歌德确实是德国人。

从上面这两个例子可以知道，考不好的人，除了用功不够，常常因为粗心，或者以"想当然"的方式去答题。而且愈是聪明和反应快的学生愈容易犯这种毛病。

所以如果你很聪明，考运却总是不好，要想想，你有没有聪明反被聪明误。

当然这种粗心多半因为紧张，而且当场是很难觉察的。譬如以前台湾的高考为了防止作文题目提早走漏，要等到考试前几分钟才告诉监考老师，写在黑板上。至于考卷上则在作文题目的位置注明："题目写在黑板上。"居然有学生看看那行字，就以"题目写在黑板上"当题目，洋洋洒洒写了一大篇。而且直到走出考场听别人说，才知道自己犯了大错。

更常见的是碰上考卷正反面都印了题目，粗心的学生只答了一面就交上去，还沾沾自喜，认为他答得快。

前面这两个例子，出错的人虽然当场没感觉，但是走出考场就知道了。问题是，许多人如果没有看后来的标准答案，可能明明粗心犯了不少错，还自以为考得很棒。（碰上这种人，你要小心，因为当他走出考场，大叫容易，很可能令你紧张，心想他觉得容易，怎么你觉得难，结果影响你考下一堂的心情。）

这世上有两种人，一种人考完之后总说："太简单了！我考得很好！"等成绩出来却差很多。另一种人，就算考得不错，还是认为很差，成绩出来又总是比他原先想的好。你可以说他们一个是"乐观主义"，一个是"悲观主义"。但乐观主义的那种人，往往也是自认考运不佳的，为什么？因为他出来的成绩总是比他自己估算的差。

上了考场，原先会的都变成不会的人，还有个可能，是书读得不实在。有这毛病的人，常常不是不用功，反而是早早就准备的。（请注意！这是大家常出现的问题。）

譬如很多学校会在初三或者高三，也就是入学的大考之前，举办很多次模拟考试，每次设个进度。第一次模拟考试，考一年级教的，第二次考二年级教的，第三次考三年级教的。很多学生也就为了应付模拟考试，拼命赶、拼命念，果然每次成绩公布，都名列前茅。问题是当学生毕业了，上正式考场之前，做整个复习的时候，读读这一样，觉得挺熟了，看看那一样，也感觉挺熟了。直到真正上考场，才发觉原先认为熟的可能都不确定。为什么？因为早先为了赶模拟考试的进度，念是念了，却不够扎实。反不如那些坚持自己的进度，根本不管模拟考，虽然到高考前一天才读完，但是读得实在的人，能够获得最后的成功。

临场表现失常的紧张，也可能不是因为考生自己，而是因为家人。举个例子，我听一个老师说，他有个学生，平常功课好极了，高考却失常。原因是考试当天那学生身为高官的爸爸，为了疼女儿，亲自用公家的黑头车带女儿去考场，还站在外头大太阳地里等。问题是，女儿一边考，一边心疼老父，担心老爸血压高。结果原本会的，脑海一片空白，全不会了。

再举个例子，我自己在台湾参加高考，剩下最后一科了，我老娘怕我体力不够，特别去买了一大瓶健身营养液，要我喝下，大概因为含有咖啡因或什么酸，我才喝下，就翻胃，吐了。结果最擅长的一科，反而考得最糟。

古人教画画，有句名言："存心要恭，落笔要松。"意思是平常要谨慎恭敬地准备，真正落笔的时候，则要把画笔放轻松。考试也一样，对家长而言，如果你孩子自己已经很紧张了，你就不必多强调那考试（即使你只是说"放轻松去应考"，也会造成孩子紧张）。对学生而言，你平常外出穿什么衣服觉得自在，考试就那么穿；平常吃什么觉得不错，考试那天也一样吃。千万别到那天，早上先多吃两个蛋、多灌两杯橘子水、多塞一把维生素，中途再由一堆陪考的人硬塞几块水果，搞不好还含上几片中药，结果食物失常，造成身体失常；肚子满满，造成脑袋空空。

记住！想要考试不失常，很简单，就是要有"平常心"。因为你是上考场，而不是上刑场！

谈天才：一目十行的天才

> 如果你笨，就要使用各种读书的技巧，使自己不落人后。相反，如果你很聪明，则应该比别人更脚踏实地，用"尽信书不如无书"的态度，一点一滴，发挥个人的创见。

七岁的飞机驾驶

"你听到雨声了吗？你听到雨声了吗？"

一九九六年四月十一日，七岁的美国小女孩洁西卡在电话里对她的母亲说。

然后，洁西卡在父亲和教练的陪同下，坐上飞机的驾驶座，冒着风雪起飞，几分钟之后坠毁，成为惊动全美的大新闻。

前一天，洁西卡还对记者说，希望成为最年轻的驾机横越美国的飞行员，并希望飞到美国白宫，请克林顿总统坐上她的飞机遨游天空。

后一天，她在万千美国人的叹息声中，睡进了小小的棺材。

我当时剪下了报上的新闻，夹在笔记本里，每次无意中翻到，都一惊，也都想：

那是一个跟我女儿一样大、才进小学一年级的小女孩。我的女儿还在玩"乐高积木"拼成的飞机，她却已经受过四十小时的驾驶训练，立志成为世界纪录的创造者。

到底是谁把洁西卡送上驾驶座？是谁鼓励她缔造世界纪录？是谁为她发布新闻？是谁给她无数的掌声？是谁逼她非得冒着风雪起飞？

是谁害死了她？

天才的失落

从"小时了了"的孔融、"能识之无"的白居易、"山近月远"的王守仁，到音乐神童莫扎特，古今中外不知传诵着多少天才儿童的故事。每个故事都勾勒出一个可爱的孩子，在众人惊叹声中露出得意笑容的画面。每个故事的背后，也都浮现出一些强势的父母或师长，为自己的虚荣，把孩子抛向天空。

在美国大学里，我也教过这种"资优生"。十二三岁，一手拿着玩具，一手抱着教科书，坐在一群二十岁的大哥哥、大姐姐之间听讲。

那小天才可以跟我辩、跟同学辩，说得头头是道，然后，在下课铃响之后，看着那些大哥哥、大姐姐有说有笑地离开，再一个人收起东西回家。

每次看那天才孤独的背影，我都想：他是不是失去了什么？错过了什么？而且再也拾不回。

每次看报上登出十三四岁就拿到博士学位的消息，我也都纳闷：为什么从没见以前的这种天才，而今有什么了不得的成就？

这种天才会像爱迪生一样，被误为"低能儿"吗？会像牛顿一样，看到苹果落地而不解吗？

只怕他们都因为太聪明，聪明得"不会不解了"。

迟钝的天才

过去我也迷恋速读，希望能做个一目十行的人。可是当我已经能看得相当快的时候，却产生一个困惑——

那些美丽的诗篇和深奥的哲理，只有我慢慢吟咏和细细推敲，才能有收获，如果"一眼带过"，似懂非懂，学而不精，岂不是要错过许多精华？

也记得以前教过一个学生，非但不能一目十行，而且十目也看不了一行。叫他读文章，他常把字母颠倒；给他考试，他总最后一个交卷；别人一看就懂的，他要反复看半天，才弄通。

但是他写出来的东西常吓我一跳，我发现自己从不怀疑的东西，竟能让他找出全新的观点。

他，不是天才吗？

父子都留级

小时候，人们也说我是天才，可是我父母让我在幼稚园多读一年，使我能长大一些，再进入"小学的战场"。

我儿子小时候，也被报章赞美为神童，可是当他到美国，别人的孩子都跳级的情况下，我却让他留级一年，因为我希望他打下更坚实的语文基础。

至于高中，他明明提早毕业，而且被哈佛大学提前批准入学，我却带着他回到祖国大陆，从北到南，旅行了一个月。

因为我要他寻根，知道自己生命的源头，知道做个炎黄子孙的骄傲。

固然"书中自有黄金屋"，但是"读万卷书，行万里路"，在以成绩为第一的目标之外，行万里路是不是也很重要呢？

人生不能重新来过

如果人生就像登山的旅途，只因为你的体力过人，就拼命跑，一路跑到山头，缔造登山的纪录，还是可以一路走、一路看，而且利用多余的体力，也走向山林间的小路，浏览别人见不到的风景？

同样的道理，如果你的智慧过人，觉得学校老师教得太浅，自己两三下就会了的时候，是不是也可以多找些课外读物或多学几样技艺、多交几个朋友呢？

人生有很多东西，一错过，就拾不回。如同在那只能往前走的人生旅途上，错过的风景与情怀，就再也不能"重新来过"。

我常对自己，也对学生说："笨人用聪明方法治学；聪明人用笨方法治学。"意思是，如果你笨，就要使用各种读书的技巧，使自己不落人后。相反，如果你很聪明，则应该比别人更脚踏实地，用"尽信书不如无书"的态度，一点一滴，发挥个人的创见。

莫扎特第二

今天在报上见到一则美联社的消息，太妙了！

英国出现一位五岁能把脑中旋律化为音符、十二岁为伦敦交响乐团作曲的神童。但是当这位名叫厄博的孩子，三月一号发表作品《无言之歌》，获得两千观众的掌声，而被赞美为"莫扎特第二"时，他的母亲却很严肃地说：

"看，莫扎特的下场，三十四岁就潦倒而死。这世上最危险的就是把孩子捧太高，长大之后，都没办法恢复到脚踏实地。"

各位年轻朋友！每当有人赞美你是天才时，请看看自己的脚，有没有实实在在地站在地上。你不可因此而轻飘飘地飞，反要走得更实在。

谈劳逸结合：给脑子进补

你愈运动，红细胞带氧的能力愈强，一方面增加了体力，一方面因为进入脑的氧气和养分增多，也加强了你的智能和记忆力。

听年轻朋友抱怨学校把数学课安排在体育课后面，运动完，还满身大汗就要赶去上数学，不可能表现得好。

我则笑笑安慰他们："怎么不说因为在体育课之后，刚运动完，血液循环好，红细胞带氧的能力强，使你数理的理解力增加了呢？"

有些人大概以为我在开玩笑，其实我是有道理的。而且说来也巧，今天打开报纸，就看到一则路透社的新闻，说美国《发展心理学期刊》登了宾州大学的研究报告——

十岁的女孩如果花较多的时间做男孩子体育竞赛的活动，不管当初对数学有没有兴趣，两年后普遍会对数学的兴趣增强。相对地，如果男孩花较多时间做女孩比较喜欢的活动，像是弹奏乐器之类，两年后的数学成绩也会比较好。

　　所以研究人员建议父母别让女儿跟同性的孩子成天腻在一起；又教男生的家长要把玩疯了的孩子抓回来，做一点静态的活动。

　　看了这文章，我心想：或许女孩子在体育竞赛之后数学进步，是因为她们的血液循环更好了，使大脑得到更多氧，帮助了数学思考。至于男生，又因为成天打球游泳，不容易静下心，所以学点静态的东西，也能帮助思考。

　　我又想，过去大家都认为男孩比女孩擅长逻辑性的思考，而且男人比女人能辨认方向，会不会也因为女孩在成长过程中太静了，她们不像男生跑跑跳跳、串东串西，造成红细胞带氧的能力较差、体力不如男生，也少了辨认方向的训练？

　　"红细胞带氧能力"是非常重要的。

　　我们的身体像个大公司，有好多好多部门，里面的人要吃要喝，必须由专人运补。红细胞就像那运输工人，有些公司的人员训练精良，效率好，每个工人都能运很多东西。又有些公司的人员能力差，每人只能带一小包。这两个公司比起来，当然前者营运会比较成功，对不对？

　　我们的身体很妙，也可说上天很神妙，"天助自助者"，他对需要的人特别照顾。

　　譬如骨质疏松的人，做重力训练特别有帮助；老年人多用脑，又有助于防止老年痴呆。也可以说，你愈不用，老天爷愈认为你不需要，而把东西早早收回。

同样的道理，你愈运动，红细胞带氧的能力愈强，一方面增加了体力，一方面因为进入脑的氧气和养分增多，也加强了你的智能和记忆力。

我最近读到一本《都是脑子惹的祸》（王秀兰著，童心房出版），对其中一章印象非常深刻。

那是作者引述美国国家心理医生研究中心吉·野德（Dr. TayGield）的研究结果，发现小脑是最不受先天影响，最能用后天加强的。换句话说，如果一个人天生不够聪明，很可以借着运动、加强小脑的功能来弥补。

一般人以为小脑只管运动、平衡，四肢发达、头脑简单的人，才会用到的。岂知小脑既像"军师"又似"传令兵"，能把重要信息运送到大脑的相关部门。

作者还说很多青春期的孩子面对升学压力，认为体育最不重要，整天坐在桌前看书。其实如果能间隔一下，做些有氧运动，能提升高达百分之二十至三十的学习效率。

许多学校，为了升学，把体育课取消了，成天逼孩子埋头苦读，硬往脑子里塞东西。岂知适度的运动非但不浪费时间，而且是帮助你增强脑力与体力的最好方法啊！

情商篇：你准备好发怒了吗

这世界上有谁是百分之百的坏人呢？只是有人太自私、太利己，于是损了人，也可能因为环境，使他误入歧途。

谈幽默：幽默就像太极拳

如果你没有开放的喜感、宽阔的胸襟和"调侃自己"的雅量，就不可能表现幽默。幽默是要由认识自己、融入群众和营造气氛开始的。

我有个球友，夫妻常常吵架。

为了缓解他的"低潮"，每次打球"中场休息"的时候，我都会说几个笑话给他听，逗得他哈哈大笑。

时间久了，奇怪的事出现了，我发现前一天我说的笑话，第二天他太太可能已经听过，而且屡试不爽。

有一天，我问这球友："你不是说你们总吵架吗？既然吵架，你怎么有情绪说笑话给老婆听呢？"

他居然笑笑："我听你说了，那么精彩，怎么憋得住？而且不快点说，改天就忘了。所以常常先吵架，吵完了，我再说你说的笑话。"拍拍我，他神秘地笑笑：

"你知道吗，明明那么好笑，她却每次都闭着嘴，不笑，还骂

'不好笑！难听死了！'可是有一天，我回家，听见她正打电话，正在电话里说前一天晚上我讲的笑话呢，而且笑得稀里哗啦的！"

从那以后，我就再也不信他常跟太太吵架这件事了。因为就算吵了，他既然能接着说笑话，他太太也都能听进去。那吵，就算不得什么，大不了是"晴时多云偶阵雨"，一下子，雨就过了。

幽默笑话的妙用真多！

夫妻之间有了幽默，八成不会"成仇"，因为那仇还没成，就被幽默化解了；同事之间有了幽默，八成不致闹僵，因为本来会造成冲突的"直言"，都用幽默做了"暗示"。

至于这个世界有了幽默，才显得有意思。"一笑解千愁"，你不见在经济低迷的时候，人们反而爱说笑话吗？因为笑话往往讽刺时事，藉着那一笑，人们化解了心中的郁闷。

大概没有任何民族，不流传有一堆笑话。甚至有人说，愈是笑话多的民族，愈显示文化的深厚，也愈显示政治的自由，因为笑话是一抹清香，总能在严肃的空气里注入几分生气。相反，如果哪个国家严肃到连一点异议的空气都进不去，那统治者禁锢了所有人民的心灵，笑话就难发挥了。

笑话实在也是最好的"极短篇小说"。想想，不过十几字、几十字，甚至一句话，就要能博大家一笑，那"铺陈"的功夫得多讲究？正因此，同样一则笑话，经过不同人述说，可以有完全不一样的结果。

至于幽默，则是笑话的又深一层。没有内涵、不懂推理的人不懂幽默；没有机智、急智的人，更表现不出幽默。所以有些名人留给后人最深的印象，不一定是他们的作为和作品，反而可能是他们曾经表现的幽默。

举个例子——在一个酒会上，有个贵妇倒了杯咖啡给丘吉尔，笑道："如果你是我丈夫，我一定在咖啡里加毒药。"

丘吉尔也一笑："如果你是我太太，我一定把那咖啡一口喝光。"

你能没听过这"高级"的幽默吗？你能不佩服丘吉尔的机智吗？

无可否认，笑话可以死背，幽默却需要临机应变，不一定每个人都做得来。

但是，我也要讲，如果你没有开放的喜感、宽阔的胸襟和"调侃自己"的雅量，就不可能表现幽默。幽默是要由认识自己、融入群众和营造气氛开始的。

幽默先要认清环境、认清对象；幽默需要一步一步把别人的情绪引带起来；幽默常常是逆向思考，出其不意地把"笑点"引爆。

幽默也是回避尴尬的最好方法，你可以在话中"埋下伏笔"，也可以不正面作答。

幽默可以利用同音异义字和风马牛不相及的东西，组合成新的趣味。

幽默更是逻辑的发挥，而且要能点到为止，不致伤情。

幽默最大的妙用，就是不伤情——把要说的都婉转地说了，又好像没有真说；仿佛是"言者无心，听者有意"，却又可能是"言者有心"，只是装作无心的样子。

想想，历史上多少名臣，不就靠这种本事，拐弯抹角地劝谏了君王吗？

所以幽默也像太极拳，它有柔中带刚、实中带虚、四两拨千斤的效果。

最后，让我举近代才女林徽因的幽默做结尾吧！

当林徽因放弃徐志摩，跟梁思成结婚之后，梁思成问林徽因："你为什么选择了我？"

林徽因笑笑，淡淡地说了一句话：

"看样子，我要用一生来回答你的这个问题。"

让我们再三咀嚼这一代才女的机智与幽默，在她那一句话里，包含了多少人生的"不能承受之轻"啊！

幽默常常就是一种不能承受之轻。

谈妥协：铲雪奇案

恨的问题是要用爱来解决，而不是用恨。只
有彼此体谅、各退一步，才能创造双赢。

家里出了奇案！我们居然被一个不相识的园丁告了。原因是今
年冬天，他半夜跑来铲了四次雪，由于他来得早，我们自己的园丁
赶到时，发现雪已经铲过。直到我们接到那"陌生人"的账单，才
发现出了"乌龙事件"。

从我们的角度，那陌生园丁半夜三更几次闯进院子，我们可以
告他侵入。

而在他看来，他为我们多次铲雪，我们并没有阻止，他认为我
们是占他便宜。

于是将我们告上法庭，要我们付他全额的铲雪费。

这奇案一下子惊动了很多人。

首先，妻子一家家打电话，问邻居有没有多管闲事，叫那园丁

来我们家铲雪。确定没有之后，又去警察局备案，说有人侵入。

我们左邻的老律师更自告奋勇，说要帮忙辩护。他是闻名全国的大律师，居然愿意免费出庭，还说他实在好奇，想看看这是怎么回事。

当然他也讲，我们可能不会赢，因为照《罗马法》，我们是既得利益者，那个人毕竟为我们铲了雪。

其实原来我也想付钱了事，只是不安又不服。不安的是为什么莫名其妙跑来这么个人。我必须弄清楚是谁叫他来的，还是他存心讹诈。

不服的是，我们从没要他铲过雪，如果我改天没征得他同意，跑去他家剪草，难道我也可以向他要"服务费"吗？

我的老同学汪律师，幽了我一默：

"哈哈！你可以在法庭上问他，如果你去他家刷油漆，是不是要向他收费，而且因为你是名画家，要加倍计价。"

我们决定出庭。只是当我告诉女儿"我倒要看看是什么人，还要去自我介绍，跟他握手聊聊"的时候，她眼睛一瞪说："妈妈去就好，爸爸不要去，爸爸很滑稽很滑稽的，被人告了，还笑嘻嘻。"

天哪！我当时愣住了。我这个法律记者出身，而且写了十几本"处世学"的人，在女儿眼里原来那么不中用。

我随即向女儿抗议——我不是她和妻子说的"烂好人"，只是处世比较圆融罢了。

几年前的冬天，我在沈阳地方法庭，告盗版书商。开庭之前，还和那些被告握手寒暄，为他们拿来的正版书签名。

有一年，我们台北办公室大楼里有纠纷，我因为是管理委员之一，被一个住户告了。他告我之前，先来通知我："对不起！刘先生，因为我告管委会，就不能不把你列进去。"

结果我出了庭，跟被告、原告都握手致意，还在庭上对法官说明我的立场，希望大家以和为贵。

我确实看来像"烂好人"，但我只是换位从对方的角度考虑，换作我是"他"，我会怎么办。

我也认为应该"对事不对人"，正因此，任何法律事件我都请律师出面，免得当面撕破脸。我也有我的原则，别人如果欺负我，给我不公平待遇，我一定还击。

我初来美国的时候，有一天坐灰狗巴士，明明前面有空位，售票人员却把我的座位划在最后一排，我立刻去质问他是不是有种族歧视。

前两年，我们全家还一起出动，到印度尼西亚大使馆前示威，抗议印度尼西亚排华事件。在女儿的记忆中，恐怕我们全家总动员的情况少之又少。那一天，为什么我坚持要去？

因为那是我对中华民族的坚持！

我做事确实很特殊——

就在昨天晚上，我打电话给一个出版社的社长，先告诉他我要送他一幅字，但是接着讲我不能再与他续约。

我也在许多年前，再三请求台北的装订厂降价，并在那老板女儿出嫁时送礼去。可是，当他仍然坚持不降价后，我立刻转移到别的厂家。

女儿是知道的，我们过去多年来告盗版商获赔的钱，全部捐给希望工程了。

那都是我的坚持。他们的价钱不合理，又不去改进，当然可以不再往来；盗版商赚不义之财，侵害了知识产权，我当然要告他。

但是同一时间，我也有情。

这世界上有谁是百分之百的坏人呢？只是有人太自私、太利己，于是损了人，也可能因为环境，使他误入歧途。

恨的问题要用爱来解决，而不是用恨。只是彼此体谅、各退一步，才能创造双赢。

我确实可能被称为"烂好人"，我甚至操心，如果那告我们的园丁，在庭上撒谎，硬说是我们要他铲雪，怎么办？我不是怕输了官司，而是不希望他为那几百块钱按着《圣经》撒谎。

那么大年岁了，还撒谎，是多么可悲的事。

今天早上九点半，我和妻子在隔壁老律师的陪同下，去法院出了庭。

告我们的园丁没有讲是我们叫他铲雪，只说他铲错了人家，怪我们没有早早通知他。在法庭外，我先和他打了招呼，并且自我介绍；走出法庭，我们又握手道别，表示发生这种事真遗憾。

我和妻子都很高兴这个"结果"，也觉得法官真有意思，笑脸迎人地先跟我们谈，再跟园丁谈，又与每个人一一握手。

谁说美国的法治没有情？

谁说法律严峻的外表背后，没有一颗温暖的心？

谁说人一定要张牙舞爪，才能获胜？

今天我和园丁各退一步，双赢。

谈发怒：你准备好发怒了吗

在学习发怒表示立场之前，先应该学会在
人人都认为我们会发怒的时候，能稳住自己，
不发怒。

以前看过几次成人在街头打架，印象最深刻的是——

两个人刚动手，就听见有东西在地上滚的声音，循声望去，原
来是两只断了表带的手表。

也碰过人们在餐馆一言不合，大打出手。妙的是，这个狠狠给
那个一拳，那人倒在椅子上，椅子"咔嚓"一声，就断成了三截。

后来我常盯着自己的手表和椅子想：

看起来这表带挺结实，我丢球、做体操，它都不会掉。还有这
椅子，一百多斤的大胖子坐上去，也不会垮，为什么打架的时候，
那么不经用呢？

我想出的答案是：

它们都是为理性的人做的。理性时再结实的东西，碰到不理性

的动作，都变得脆弱无比。

无伤害的发怒

问题是，人毕竟是人，是人就有情绪，有情绪就可能发怒。

去年秋天，我到挪威首都的"维格兰雕刻公园"去。数百尊雄伟壮观的雕塑，伫立在中央走道的两侧。公园的中心点，则是耸入天际的名作——《生命之柱》。

奇怪的是，居然有一大群游客，围在一个不过三尺高的小铜像前。

那是一个跺脚捶胸、嚎啕大哭的娃娃，公园里最著名的《怒婴像》。

高举着双手，提起一只脚，仿佛正要狠狠踢下去。虽然只是个铜像，却生动得好像能听到他的声音，感觉到他的颤抖。

他是在发怒啊！为什么还这么可爱呢？

大概因为他是个小娃娃吧！被激动了本能，点燃了人类最原始的怒火。

谁能说自己绝不会发怒？只是谁在发怒的时候，能像这个娃娃，既宣泄了自己的情绪，又不造成伤害？

有原则的发怒

最近看了陈凯歌导演的《霸王别姬》和张艺谋导演的《活着》。两部电影都好极了，但是其中令我印象最深刻的，却都是发怒的情节。

在《霸王别姬》里，两个成了名的徒弟去看师父，师父很客气地招呼。但是当二人请师父教诲的时候，那原本笑容满面的老先生，居然立刻发怒，拿出"家法"，好好修理了两个不听话的徒弟。

在《活着》这部电影里，当葛优饰演的败家子，把家产输光，债主找上门，要葛优的老父签字，把房子让出来抵债时，老先生很冷静地看着借据说："本来嘛！欠债还钱。"然后冷静地签了字，把偌大的产业让给了债主。事情办完，一转身，脸色突然变了，浑身颤抖地追打自己的不肖子。

两部电影里表现的老人，都发了怒。但都是在该发怒的时候动怒，也没有对外人发怒。那种克制与冷静，让人感觉到"剧力万钧"。

只是，这世上有几人，能把发怒的原则、对象和时间，分得如此清楚呢？

有理性的发怒

记得小时候，常听大人说，在联合国会议上，苏联的赫鲁晓夫，会用皮鞋敲桌子。

后来，我跟政界的一位朋友谈到。他一笑，说："有没有脱鞋，我是不知道。只知道做外交虽然可以发怒，但一定是先有想法，决定发怒，再发怒。也可以发表愤怒的文告，但有哪一篇文告不是在冷静的情况下写成的呢？所以办外交，正如古人所说，君子有所为，有所不为；君子有所怒，有所不怒。"

这倒使我想起一篇有关本世纪最伟大指挥家托斯卡尼尼的报道。

托斯卡尼尼脾气非常大，经常为一点点小毛病而暴跳咆哮，甚至把乐谱丢进垃圾桶。

但是报道中说，有一次他指挥乐团演奏一位意大利作曲家的新作，乐队表现不好。托斯卡尼尼气得暴跳如雷，脸孔涨成猪肝色，举起乐谱要扔出去……

只是，手举起，又放下了。他知道那是全美国唯一的一份"总谱"，如果毁损，麻烦就大了。托斯卡尼尼居然把乐谱好好地放回谱架，再继续咆哮。

请问，托斯卡尼尼真在发怒吗？还是以"理性的怒"做了"表示"？

学习发怒与不发怒

想起一位刚自军中退伍的学生对我说的笑话：

一位团长满面通红地对脸色发白的营长发脾气；营长回去，又满面通红地对脸色发白的连长冒火；连长回到连里，再满脸通红地对脸色发白的排长训话……

说到这儿，学生一笑："我不知道他们的怒火，是真的，还是假的。"

"是真的，也是假的；当怒则怒，当服则服。"我说。

每次想到他说的画面，也让我想起电视上对日本企业的报道：

职员们进入公司之后，不论才气多高，都由基层做起，也先学习服从上面的领导。当公司出了大纰漏，一层层训下来，正像是军中一样。

报道中，也有企业界人士冬天去"打禅七"和"在街头呼喊"的画面——

在冰寒的天气，一群人端正地坐着，稍不用心，就被戒尺狠狠抽在背上。

在熙来攘往的街头，一个人直挺挺地站着，不管人们奇异的眼光，大声呼喊各种"老师"规定的句子。

他们在学习忍耐，忍耐清苦与干扰。把个性磨平，将脸皮磨厚。然后——

他们在可发怒的时候，以严厉的声音训部属，也以不断鞠躬的方式听训话。怪不得美国人常说："在谈判桌上，你无法激怒他们，所以很难占日本人的便宜。"

既会发怒，又难以被激怒。适时发怒，又适可而止。这发怒的学问有多大啊！最重要的是，在学习发怒表示立场之前，先应该学会在人人都认为我们会发怒的时候，能稳住自己，不发怒。

谈做人：把仇人变成贵人

> 这世间最好的"报复"，就是用那不平之气激发自己的潜能，迈向成功，然后用那成功和"成功之后的胸怀"，对待你当年的敌人，而且把敌人变成朋友。

相信许多人都爱看武侠小说，我少年的时候，也迷得不得了，常把小说藏在床底下，母亲一出门，我就掏出来看。武侠小说似乎多半都有报仇的故事。主角常常是身负血海深仇的孩子，先是在被仇家灭门的时候，保住一条小命，再获得武林秘籍，又阴差阳错地遇到千年才成熟一次的灵芝仙果，再不然就是遇到武林奇人，为他打通任督二脉，于是他由一个文弱少年，突然变为天下第一高手，直捣仇家的巢穴，讨回灭门的血债。

我那时候不但看武侠小说，照着书里形容的招式比画，买《易筋经》之类的书照着练，还背武侠小说里的对白，其中我觉得最"酷"的句子是"此仇不报非君子"。而且自从学了那句话，在学校里动不动就用。别人比赛赢了我，我说"此仇不报非君子"；打球的时候被同学扯破了衣服，我也说"此仇不报非君子"。好像学了这么一句很"酷"的话，没有仇也要找点仇来报才过瘾。

当然青春期的孩子，喜欢争强斗胜也是原因。常有小太保因为别人看他一眼，心里不爽，就过去捅人一刀，还有不少学生参加帮派，集体械斗。那种"斗"似乎是没完没了的，今天你多打我一下，明天我非还你一下不可；明天你人多些，我吞下一口气，后天就一定要聚众讨回公道。真合了美国西部的那句俗语——"枪声总有两响"。今天你开一枪，人家倒下了，没能回你一枪，改天再有人要来"补那一枪"。

高中的时候，我有个同班同学被别班的人"修理"了。他很瘦弱，连帮派的人都不要他，他气不过，告诉他爸爸，他爸爸居然骂："谁让你不打回去？"然后送他去学跆拳道。他先到外面拜师，又加入学校的跆拳道社，每天中午还在走廊上摆个装满铁砂的布袋，练"铁砂掌"，我到今天都能记得他左一掌右一掌，手心一掌，手背一掌，"啪啪啪"的声音在学校大楼间回荡。他后来居然练到一巴掌就能把桌角打掉。有同学特别把椅子上的木条拆下来，架在两个桌子之间，要他劈，他能把粗粗的木条劈断，手却一点没事。更棒的是，他还得了校外比赛的大奖，成为校际的风云人物。

那欺侮过他的人当然紧张得要死。可是，我这同学明明有力量可以"讨回公道"，他却不动了。先说"练跆拳道只能防身，不能用来打人，这是跆拳道馆的规定"，又说"何必呢？赢了也不光荣"。又过一阵，当同学提到他当年练功夫是为报复的时候，他居然笑笑说："我还真该感谢那个人，要是没他，我也不会有今天的成绩！"他不但没报复，还和那个人成为好朋友。

我自己也有这样的经验。大学刚毕业的时候，台湾的一个电视公司请我去主持特别节目，那节目的制作人知道我文笔不错，还要我兼编剧。可是当节目做完，领酬劳的时候，他不但没给我编剧费，还扣我一半的主持费，他把收据交给我说："你签收一千六，但我只能给你八百，因为节目透支了。"我当时没吭声，照签了，心想"君子报仇，十年不晚"。后来那导播又找我，我还"照样"帮他做了几次。最后一次，他没扣我钱，变得对我非常客气，因为那时我被公司老板看上，一下子进了新闻部，做黄金档的新闻主播和新闻评论节目的制作主持人。我们后来常在公司遇到，他每次笑得都有点尴尬。我曾想去告他一状，可是正如高中那位同学所说，没有他，我能有今天吗？如果我当初不忍下一口气，又能继续获得主持的机会，并且被总经理看上吗？说实话，机会是他给的，他是我的贵人，我怎能忘恩负义呢？

后来我到美国留学，有一天，一位已经就业的同学对我抱怨他的美国老板"吃"他，不但给很少的薪水，而且故意拖延他的绿卡（美国居留权）申请。我当时对他说："这么坏的老板，不做也罢。但你岂能白干这么久，总要多学一点再跳槽，所以你要偷偷学。"他听了我的话，不但每天加班，留下来背英文商业文书的写法，甚至连怎么修理复印机，都跟在工人旁边记笔记，以便有一天自己出去创业，能够省点修理费。隔了半年，我问他是不是打算跳槽了，他居然一笑说："不用了！我的老板现在对我刮目相看，又升官，又加薪，而且绿卡马上下来，老板为什么做事态度一百八十度转变，变得那么积极呢！"他心里的不平不见了，他进行了"报复"，只是换了一种方法，而且他后来自我检讨，当年老板对他不好，是因为他做事不够积极。

大概二十年前吧，我又遇到了个有意思的事。一位老朋友突然猛学算命，由生辰八字、紫微斗数、姓名学到占星术，没一样不研究。他学算命，竟然不是觉得算命灵验，而是想证明算命是骗人的东西。原因是有一位命理大师为他算命，算他活不过四十七岁。他发誓，非砸烂那大师的招牌不可。

你猜后来怎么样？他愈学愈怕，因为他发现自己算自己，也确实活不长。这时候，他改了，跑去做慈善，说："反正活不久了，好好运用剩下的岁月，做点有意义的事。"他很积极地投入，人人都说他变了，由一个焦躁势利的小人，变成敦厚慈爱的君子。不知不觉，他过了四十七，过了四十八，而今已经近六十，红光满面、生气勃勃，比谁都活得健康。

我有一天开玩笑地对他说："你可以去砸那大师的招牌了！"他眼睛一亮，回问我："为什么？要不是那人警告我，照我以前的个性，确实四十七岁非犯心脏病不可，他没有不准啊！"

各位朋友，尤其是年轻的朋友，你喜欢逞强斗狠吗？你总是心有不平吗？你有"此仇不报非君子"的愤恨吗？请想想我说的这几个故事。你要知道，敌人、仇人都可以激发你的潜能，反而成为你的贵人。你也要知道，许多仇、怨、不平，其实问题都出在你自己身上。你更要知道，这世间最好的"报复"，就是用那不平之气激发自己的潜能，迈向成功，然后用那成功和"成功之后的胸怀"，对待你当年的敌人，而且把敌人变成朋友。

当"冤冤相报何时了"的双输，能成为"相逢一笑泯恩仇"的双赢，不是人生最大的成功吗？

谈贵人：伯乐与九方皋

我只是希望你：在人生中找寻伯乐与九方
皋，同时也做别人的伯乐与九方皋。最重要的是
不必矫情，因为九方皋不看表面；更不可偏见，
因为那样就见不到整体；更不必去嫉妒人，那只
会显示你的才能有限、气量狭小！

很多年前，当我初抵纽约，曾经遇到一位穿着笔挺的白长裤、
抱着名牌摄影机的人，当时他递给我一张名片，头衔十分特殊——
某电视公司的星探。据说他早年确实发掘过不少人，那些人后来且
都成了熠熠红星。

不久之后，有朋友转告，星探见到我，立刻就通知了台湾的公
司，说他发现一个人，是从事新闻工作或节目主持的人才，应该立
即掌握。

而他的公司主管在弄清楚是我之后则笑答："你真有眼光，只
是因为久居海外，不知道这个人已经被友台重用多年了！"

讲这个故事不是想说我有多么杰出，而是想说，这世界上有一种人，非常懂得看人。具有这种才能的政治家，会被赞美为"知人善任"；具有这种才能的电影人，会被委为"星探"；具有这种才能的养马专家，则被尊称为"伯乐"或"九方皋"。

　　你或许不知道谁是九方皋。据《列子》记载，当伯乐年老，秦穆公请他推荐孩子继续担任相马官时，伯乐回答："我的孩子只能看出一般的好马，却认不出天下少见的千里马。只有九方皋行！"

　　于是秦穆公请九方皋去找千里马。三个月之后，九方皋回报："已经找到了，是在沙丘的一匹黄色的母马！"可是派人抓来之后，却是黑色的公马。

　　秦穆公很不高兴地对伯乐说："你介绍的人真差！连马的毛色和公母都分不清，又怎能认出马的好坏呢？"

　　伯乐居然长叹一声，赞美道："没想到九方皋相马的技术到了如此高的境界，这已经远超过我，因为他看的是内里的天机与精神，而完全不在外表。九方皋相马的价值，要比千里马更宝贵呀！"

　　叫人把马牵来试，果然是天下少有的千里马！

　　听完这个故事，你有什么感想？如果世上没有九方皋和伯乐，千里马常会被埋没，它们夹在马群中吃草饮水、没有特别的训练，一生可能不过是匹普通的马。换个角度来想，如果你是千里马，是不是希望遇到伯乐和九方皋呢？

　　你会发现，在未来人生路途中，随时可能见到识才的人，只是有些如同伯乐的孩子，有些是伯乐，有些则是更伟大的九方皋。他们可能是从周记作文中发掘你写作才能的老师，可能是从贺年卡几个字发现你书法潜能的学人，也可能是由你的眼神中见出你不同气宇的长官，还可能是跟你具有同等才华的朋友与敌人。

对的！朋友与敌人！

据说剑客对阵时，即使尚未出招，由彼此眼神中，就能知道对方的功力。你会发现，有一种识才的人，他们本身并不具有与你相同的才华，只是从客观的角度察觉。另一种人则与你相当，他们用感觉，感觉到你的气势。他们可能成为你的劲敌，更可能英雄惜英雄地变为你的朋友。

中国最伟大的诗人李白和杜甫，居然生在同一个时代，而且成为好朋友，李白比杜甫大十一岁，杜甫考进士落榜之后，曾离开长安，流浪了八九年，而在这时认识了李白。相信李白对杜甫这个小老弟的影响一定不小，我们也可以由杜甫《梦李白》的诗中，见出他们深挚的友谊。

美国著名的文学家庞德（Ezra Pound，1885—1972）比海明威（Ernest Hemingway，1899—1981）大了十四岁，而海明威曾说："庞德是真正教我如何写作和如何不写的人。"海明威的文章以简练著称，不是也必然受惠于庞德的指导吗？

你会发觉一个真正"识才"的人，必定有宽大的心胸和较少的偏见，因为若不如此，他就无法像九方皋一样抛弃表面，观察到内里。

你也会发现，一个真正的人才，必然不会嫉才，因为他自己若有独到的才能与自信，又何必去嫉妒别人的才能？他反而会因为发现你的不同光彩，而乐于与你结交。即使他不得不与你竞争，仿佛变成敌人，仍然会尊重你的才能。因为你如果没有分量，又哪里配做他的对手呢？

谈了这许多，我只是希望你：

在人生中找寻伯乐与九方皋，同时也做别人的伯乐与九方皋。最重要的是不必矫情，因为九方皋不看表面；更不可偏见，因为那样就见不到整体；更不必去嫉妒人，那只会显示你的才能有限、气量狭小！

愿你如杜甫遇到李白，如海明威遇见庞德！

谈公益：老天爷忘记的时候

当我们感恩，觉得老天爷待自己太厚了的时候，报答上天最好的方法，就是去帮助那些老天爷忘了帮助的人。

一天晚上，我们看了一卷由图书馆借来的录像带——张艺谋导演的《一个也不能少》。

电影里演一个偏远山区的小学，只有一位老师和一班学生。老师有事请长假，不得不请一位代课老师。

那老师其实不算老师，她只是个十三岁的大女生，长得不漂亮，一副憨厚农村女孩的样子。

原任老师临走，交了一盒粉笔在大女孩的手上，要她每天在黑板上抄课文给孩子念，又叮嘱了一句："咱们这地方穷，人都往外搬，学生已经愈来愈少了，你要看好点儿，一个也不能少！"

就这么一句"一个不能少"。大女孩看紧每个学生，唯恐有辱使命；当班上最顽皮的一个男孩，因为穷，不得不去城里打工的时候，这大女孩想尽办法，找到城里去。

她四处贴海报、到车站广播，都找不到，最后听说电视台最管用，居然天天守在电视台的门口，问每个进出的人："你是不是台长？"

一天天过去，她又饿又累，眼看体力不支的时候，终于被电视台台长注意到。

她真上了电视，哭着喊着要那小男生回来。

小男生看到了，全市市民也看到了。不但小男生回到学校，市民们捐赠的东西也源源而至。

在记者的报道下，还涌来更多的关怀和善款，那所破旧的小学获得了重建了，整个山村的感觉都不一样了……

"我才不信他们学校原来会那么破，那根本就是演戏，演出来的。"看完电影，你说，"我才看过电视上播'江南第一村'，祖国大陆小学的教室比我们的都漂亮。"

孩子！你讲得没错，我们以前看到的苏州外语学校，确实比你的学校都讲究，但是你要想想祖国大陆有多大啊！那里有很多高山、很多大河，还有无边的黄土高原。

你怎不想想，在那些偏远地区的小学会是什么样子呢？

爸爸以前也跟你一样，不相信有那么穷的地方。直到爸爸去广西隆安县，探望爸爸支持读书的一群孩子时，才惊讶地发现，他们有多么穷苦。

那时候，爸爸由南宁出发，一路上先是大片的红土地，渐渐地看到像桂林一样秀美的山丘，可是往那山丘下面看，满地都是石灰岩块，连草都不容易生长。

爸爸又过了一条大河。河水湍急，要用铁壳船才能横渡，过去之后就更是荒凉了，也就在那一片荒凉之间，有个小小的村子，村民都在路边拍手，还有小朋友组成乐队欢迎参观者到他们那个泥土夯成的校舍。

在那里，有几十个穿着各色衣服的孩子，看得出，衣服都是外面捐的。那些孩子都很淳朴，连致辞的小朋友，都紧张得说不出话。

所幸爸爸后来能在教室里跟他们聊聊。有个孩子说，她希望能进中学，将来到县城里去读书。

爸爸才经过县城，就问她："你常去县城吗？"

你猜她怎么答，她居然摇摇头，说她从来没去过城里，因为有大河，过不去。

好！现在你想想电影里的情节，那代课小老师，也没钱买车票，不得不发动学生去搬砖凑钱，你认为那是编的吗？

孩子！即使是台湾，在山村也有不少可怜的孩子啊！

当城市里因外资涌入、工商发达而变得富裕时，因为物价上涨，那些遥远山村里的人就更买不起东西了。

山村里的大人只好进城打工。有的爸爸愈走愈远，再也不回家；有些妈妈离乡去打工，看到外面的花花世界，头昏了、心花了，也把家忘了。

剩下家里的孩子，跟着年老的爷爷奶奶，守着一片贫瘠的土地，你说！他们是不是更加可怜？

所以即使在台湾，山里的少数民族都比城市里短命得多。更不用说祖国大陆那么大，一些地方经济又比台湾差得多了。

记得那天去隆安县山区小学的时候，是个大太阳天。爸爸坐在讲台上，桌上铺着红桌布，太阳好亮、桌布好红，爸爸眼睛都睁不开，直淌眼泪。

其实，如果没有太阳，爸爸也会淌泪。爸爸想到你，过得那么幸福。甚至当爸爸回到城里，看到朋友请客，大盘叠小盘，走下车子，满车都是喝了两口的矿泉水瓶时，都觉得心酸。

爸爸觉得，如果城里的人，每个人省一口，甚至矿泉水能省几瓶，就能多让一个贫苦的孩子上学。

当我们感恩，觉得老天爷待自己太厚了的时候，报答上天最好的方法，就是去帮助那些老天爷忘了帮助的人。

从那一天开始，爸爸决定今后尽量不去我们资助的学校，免得他们敲锣打鼓地欢迎，要去也得偷偷去。

爸爸也决定，捐出一定的版税，给台湾的慈善团体，并为祖国大陆贫苦地区的孩子建许多希望小学。

孩子，如果爸爸妈妈的能力不足，希望你和哥哥也能把爸爸的这个梦想实现。

谈责任：你自己决定吧！

你的书不是我的书，我无法为你取舍；你的
纸箱也不是我的纸箱，我自己都分身乏术。最重
要的是，你不是我，更不是我的影子，我不能为
你做主一辈子！

为了搬家收拾东西，我最近真是忙得昏天黑地，可是每次问
你准备得怎样了，你都好整以暇地说："不急嘛！两三下就可以弄
好。"直到今天，距搬家公司来运东西只剩两天的时间，你才开始
拿纸箱到卧室，却又不断来问："怎么封箱底？""这不要的书是
否要送给图书馆？""胶带没了怎么办？""前一年的笔记本要不
要保留？""淘汰的书是不是扔进垃圾袋？"

这时我给的答案都是同一句：

"你自己决定吧！"

你应该很高兴听到这句话，记得我小时候第一次听见你祖母对
我说"你自己决定吧！"有一种莫名的兴奋，就像听见"王妈妈送

的压岁钱，你可以留着自己用"似的想要跳起来，因为那表示我可以做主了！

做主是多么棒的事！

做主是不必凡事去请示，做主是能按照自己想做的方式去做，做主是拥有支配的权利，做主是不必再听别人使唤！但记住：做主也是对自己的行为负完全的责任，甚至对别人负责！因为个人的行为会影响别人，当然自己做主，也就要考虑对别人的影响。譬如我是一家之主，听起来很有权威，却也要对一家人负责；譬如你母亲是入学部的主任，也是主，便要对她的整个部门负责。

于是这做主就变得不轻松了！

今天，我就要你做主，做你收拾自己东西的主！你可以对自己的东西操生杀大权，留？不留？带到新家，抑或丢进垃圾袋？全在你的一念之间！

当然，相对而言，你也就要考虑怎样去芜存菁！或在抛弃一样不该抛弃的东西之后，接受它所造成的损失。尤其麻烦的是，过去你问我怎么做这个、怎么做那个，我都一一解说，今天却要你自己解决。

你说没有封箱的宽胶带，我说我有一卷，但是自己正在用，无法分给你，请你自己解决！

你可以翻箱倒柜地找、去邻居家借、请已经能开车的同学载你去买，也可以冒着雨，走路到一英里外的小店。

但，请不要问我"该怎么办"。

今天是你自己看着办！

不要觉得我冷酷，因为你已经到了应该自己对自己负责的年龄。你的书不是我的书，我无法为你取舍；你的纸箱也不是我的纸箱，我自己都分身乏术。最重要的是，你不是我，更不是我的影子，我不能为你做主一辈子！

记得我上成功岭的时候，长官曾说过一段话——"打仗的时候，上面只要求你几点几分攻下目标，而不问你的人是不是过度疲劳，不可能赶这么快！也不问你的火力够不够、粮食足不足，因为他们考虑的是全盘战况，无法一一照顾你的需要。总之，你生，你死，是你自己的事！在几点几分攻下那个据点，则是你无法逃避的责任。"是的，责任常常无法逃避。一个成熟的人，必定是能从头到尾负责的人。因为他知道，责任是一环扣着一环的，班长无法达成排长交下的任务，排长没法达成连长交下的任务，这样一层层推上去，只要下面的人不能完成使命，上面的目标也就无法达成。而战争是关系国家安危、人民死生的，岂能有人不负责？失职的人又怎能不接受最严厉的惩罚呢？

回过头来，虽然搬家不是打仗，但是当搬家公司的车子到达时，如果你还没有整理好东西，我们全家的行动不都要受影响吗？

而隔天，买我们房子的人就要迁入，他们原先住的房子，也可能有急着搬进去的新屋主，这不也是一环扣着一环吗？

说了这一大堆，还是那句老话：

"你自己决定吧！"

谈尊重：被尊重的生命

人们可以为食用，或为控制过度繁衍而杀生，但对"生命"却要尊重。

你的同学送你一个圣诞礼。迷你的红色水桶里，坐着毛茸茸的玩偶，上面戴着一顶白色的小帽子，露出两只圆圆的大眼睛，水桶边上扎着一朵粉色的蝴蝶结，还插着朱红的圣诞果和青绿的叶子，放在书桌一角，真是漂亮的摆饰。

直到有一天……

我看到你居然往玩偶的四周浇水，过去准备责怪，才发现那毛茸茸戴着帽子的小东西，居然是活的！

"这小妖怪，只要浇水，就会慢慢长大！"你说，"因为它是一棵小小的仙人掌！"

可不是吗！在看来毛茸茸的小刺间，透出淡淡的嫩绿，那两只塑胶的眼睛和帽子，是用强力胶黏上去的，小水桶里面，则装满粗粗的砂砾。

自从知道那是一棵活的仙人掌之后，每次经过你的门口，就自然会看到它，而每一触目，总有些惊心，仿佛被上面的芒刺扎到一般。

那桶中的砂砾经过化学材料调配，坚硬得像是水泥，仙人掌则被牢牢地锁在其中。它不可能长大，因为扎根的环境不允许。它也不可能被移植，因为连皮带肉都被紧紧地黏住，它确实是个生命，一个不被认作是生命的生命，向没有未来的未来，苟且地活着。

小时候，大人曾说熊孩子的故事给我听，走江湖卖艺的坏人，把骗来的孩子，满身用粗毛刷刷得流血，再披上刚剥下的血淋淋的熊皮。从此，孩子就变成熊人，观众只以为那是只特别聪明的熊，却没想到里面有个应该是天真无邪又美丽的孩子。

今年又听到一个故事：养鸡场在鸡蛋孵化之后，立即将公鸡、母鸡分成两组，除了少数几只留种之外，公鸡全被丢进绞肉机，做成肉松，并拌在饲料里喂母鸡，所以那些母鸡是吃她兄弟的肉长大的。

"那根本不是生命，而是工业产物，所以不能以一般生命来对待。何况那些小母鸡，到头来还是死，也就无所谓谁吃谁了！"说故事的人解说。

这许多命运不都是由人们所创造的吗？既创造了它们被生的命，又创造它们被处死的命，且安排了它们自相残杀的命。

问题是，如果我们随便从那成千上万待宰的小雏鸡中提出一只，放在青青的草地喂养，也必然可以想见，会有一只可爱的、能跟着主人跑的活泼的小公鸡出现，且在某一个清晨，振动着小翅膀，发出它的第一声晨鸣。

许多国家都有法律规定，不能倒提鸡鸭，不能虐待小动物，人们可以为食用，或为控制过度繁衍而杀生，但对"生命"却要尊重。

　　可以剥夺，不能侮辱！

　　如此说来，那小小的仙人掌，是否也应该有被尊重的生命？

谈关怀：微笑先生

能为这个社会做贡献的方式真是太多了，除了公众福利等有形的东西，我们还可以给予人们一些精神的鼓舞，使这个世界处处充满快乐，使每一个人时时自内心展露微笑。

某日，我从新泽西坐巴士到纽约去，当车子驶进一处高速公路收费站的时候，突然发现有个青年在外面跑来跑去，忙着到每个正在缴费的车前，将手中一块纸板展示给乘客看。当时我这辆车内的人都非常好奇，交头接耳地猜测，有人说是募捐，有人猜示威，直到那人跑向我们车子，并举起手中的纸板，大家才一齐笑了起来，原来那纸板上只写了"微笑（smile）"一个词，并画了张微笑的脸。

其后的两个星期，我每次经过收费站，都看见了那个人，虽然他忙得汗流浃背，但脸上总挂着微笑。他把纸板举在车窗前，仰着脸，露出洁白的牙齿。虽然一句话也没说，我却深深地被他感动。尽管他那块纸板上的文字简单，图画也不高明，但是全车的人都会很自然地露出微笑。

再往后的日子，虽然他已经不再出现，但是每当巴士驶进那个收费站时，车上的乘客总会向外张望，并说："为什么没有看到那位'微笑先生'？"话才说完，大家就相视而笑了。

一块连把手都没有安装的纸板，一张连色彩都没有的图画和文字，只要加上一颗爱心，就能产生极大的效果。那位"微笑先生"使我了解：能为这个社会做贡献的方式真是太多了，除了公众福利等有形的东西，我们还可以给予人们一些精神的鼓舞，使这个世界处处充满快乐，使每一个人时时自内心展露微笑。

逆袭篇 ：年轻人有探索的权利

　　不敢面对压力，或实在无法忍受压力的时候，就消极地逃避，甚至向那压力去靠拢、屈服。这是多么可悲的人性啊！他们哪儿知道，如同面对大气压力，最好的方法，是由体内产生相对的压力，使它两相抵消，觉得轻松。

谈失败：错是走向对的第一站

在你的错误中，表现了你的潜力。只要你好
好检讨、改进，你一定会变成最棒的！

一天下午，我们在院子里打羽毛球。不知为什么，你打得特别
差，以前最高纪录，我们能连打八十多个球，这次却连二十个球都
打不到。

尤其是开球，你总是打歪，而且歪在同一个角度。爸爸要你改正、
用力，你却一拍子打到自己的腿，痛得坐在地上哭，又把拍子一扔，
冲进房间了。

现在爸爸说个故事给你听吧！爸爸中学的时候，常有别校的篮
球队到爸爸读的学校来挑战。虽然看过那么多美国职业篮球赛，在
爸爸记忆中却都不如中学时看自己同学迎战客队时的比赛精彩。记
得最清楚，是爸爸班上也有一个同学，被选入代表队。

他第一次上场的那场比赛，全班都挤在了场边，要看看他为学
校争光。来挑战的学校代表队，一个个人高马大，一副很了不起的

样子。爸爸学校的同学则在四周呐喊，为自己人叫好。这是在我们的地盘哪！绝大多数的观众都是爸爸学校的，大家一面倒地为自己同学加油。

只是不知因为外校的队伍太强，还是我们的校队失常，整个比赛都是别人占上风；更可恨的是，爸爸的同班同学，他每次出手都差那么一点力量，虽然方向对，球却在篮圈上跳一下，没有进。

"叫那个新手下来！叫那个新手下来！""他是哪一班的？投不进，还爱现！"好多同学都气急败坏地骂，愈骂他愈紧张，也就愈投不进了。比赛结束，爸爸全班同学都低下了头，那位同学更低了头，不敢看大家。他走在校园里，也确实有人指指点点地骂："打得好烂，还爱现、爱出手，害我们输球。"但是爸爸记得很清楚，上体育课的时候，老师特别把那个同学叫过去，拍着他的肩，对大家说：

"你们的这位同学，将来了不得。你们看！这场比赛，他每次出手，都很准，只是力量差一点点。他连投六球，六球都落在同一个位置。"教师看着大家，放大声音，"想想，他下次只要调整一点点，力气大一些，不就都是空心球了吗？"

突然之间，那位同学的信心又恢复了，篮球场上总见他拼命地练习。你猜，他后来有没有投得很准？告诉你，他成了我们学校最能得分的人，靠着他"百步穿杨"的长射，爸爸的学校得了台湾北区篮球比赛的第一名。

再给你说一个爸爸写在《点一盏心灯》里的故事吧！有个合唱团演出，大家都唱得好极了。可是，当合唱进行到应该由女生独唱时，突然从女高音的队员中，发出一个高高的声音。有一位女团员忘了那不是她该唱的，居然唱了出来。你想想，这是多尴尬的事啊！演出结束，指挥气急败坏地冲回后台，大声吼：

"刚才是谁放炮？"一个新进的团员正躲在角落里哭泣，颤抖地回答："是我。"指挥刚要骂，正巧进来一位伟大的声乐家，指挥吓一跳，赶快过去迎接。你猜那伟大的声乐家说什么？他是不是也来怪罪居然有人"放炮"？如果你猜"是"，就错了！那伟大的声乐家说："我想见见那位'放炮'的团员，因为我已经很久没听过那么圆润美好的声音了。"那个正在哭的女孩子居然被这位大师收为学生，后来成为著名的声乐家。

现在，爸爸要问你，你还在哭吗？你还在为自己发球总是打歪，而且打在同一个位置而懊恼吗？你能不能这么想——其实我能打得非常好，只是今天出了点小毛病，下次我只要调整一点点，就可以每球都发在最好的位置了。你是不是也能安慰自己——我今天没打好，是因为太想把球发得有力，结果注意了用力，却忽略了方向。瞧！我今天发球的落点，不是比以前更远吗？

好孩子，别哭了。让爸爸当那位中学的体育教师，也让爸爸扮演那位伟大的声乐家，对你说："在你的错误中，表现了你的潜力。只要你好好检讨、改进，你一定会变成最棒的！"

谈压力：战胜压力

压力有着非常特殊的滋味，如同云霄飞车，
你可以转身离开，去玩简单的，也能硬着头皮坐
上去，再在尖叫之后轻松地离开。

我曾在电视上看到一个日本 NHK 记者做的报道，人坐在泡了水
的车子里，当水位淹到六十厘米，车门还打得开，但是升到七十八
厘米的时候，就推不开门了。因为水深只要变成原先的两倍，水压
就会上升四倍。所以专家建议车上最好带能够敲碎强化玻璃的锤子，
以备不时之需。而当车子掉进深水里，推不开车门又打不碎车窗的
时候，可以等，等车里渗进的水逐渐上升，跟外面差不多高的时候，
因为压力相当，就很容易打开门了。压力就是这么妙，当你内在的
力量强，那外来的压力常常就算不得什么了。今天就来谈谈怎么战
胜压力。

常听人说："压力太大，受不了。"或是讲："我这个人，就
是受不得压力。"

其实我们每个人从尚未出生，就已经受到压力，而且一直到死，都无法脱离。甚至可以说因为地球上的生物已经适应了这种压力，只有在这压力下才能生长得好。

不知道你在学校有没有做过这个实验：先装满一杯水，在杯口盖上一张纸，再把杯子倒过来。你会发现，杯里的水，居然能不倾泻下来。这是因为大气的压力。

还有项比较复杂的实验，是把一个空心的铁球切成两半，合起来，抽掉其中的空气使铁球的两半紧紧吸在一起，据说即使用十六匹马都拉不开。这个有名的"马德堡半球实验"，证明了大气的压力。谁能想到，我们赖以生存的空气，由地面向上延伸六十到三百公里，也把它的重量狠狠加在我们身上。可是，我们不是活动得很轻松吗？那是因为我们的体内，相对地产生压力。两个压力抵消，就没感觉了。

我在电视里看过一个台湾的政界人物，早年做政治犯在监狱的时候，常自己孵豆芽。一大把豆子，泡在杯里，居然愈被压在下面的豆子，长得愈肥。他提到这事，就是因为受到启示，撑过困苦的日子，东山再起。

我自己也有经验：每年秋天，我会在地上挖一个个深达六英寸的坑，把郁金香的鳞球放进坑底，再盖上厚厚的泥土。每次一边盖土，我一边想："娇嫩的郁金香，为什么得种这么深呢？它们怎么有能力冲破这么厚而且冬天结冻的泥土，在早春绽放？"只是，一年又一年，它们都及时探出叶片、露出花苞，绽放出彩色玻璃杯般的花朵。

当然，我也偶尔发现有些因为力量不足没能钻出泥土而死亡的。看到它们终于萎缩的球根，我有着许多感慨：它们不就像人吗？有些人很有才气、很有能力，甚至很健康的身体，却因为受不了压力，而在人生的战场退缩下去。他很可能是参加竞选政治家，实在受不了精神压力，而中途退选。他很可能是花几年时间，准备参加世界运动大赛的选手，却因为承担不了太多人的属望。唯恐失败之后，难以面对同胞，而临场失常，败下阵来。（当然因伤退赛是可以谅解的。）

他还可能是每天把高考挂在心上的好学生。当那些功课不如他的人，都准备上场一搏的时候，他却宣布："我痛恨考试，为了向这考试表示抗议，我要拒绝高考。"他确实可能是特立独行的人物，敢于向他认为不理想的制度挑战。但是，我们是不是也可以这么想：他是因为太怕失败、受不了压力，而选择了不应战？

你看过城隍爷出巡的仪式吗？那真是精彩极了！掌管地府的城隍爷在前面威风凛凛地前进，后面跟着一批青面獠牙的小鬼和背枷戴铐"被打下十八层地狱的恶人"。在很多地方，那游行队伍中，一边走一边被打的恶人会愈来愈多。因为一路有许多人，化装成罪犯加入。据说这样可以作为忏悔，帮他消减一些罪恶。但是据心理学家研究，他们实在是怕自己死了之后下地狱，所以先主动"下地狱"。好比原始人类怕狮子、老虎，反而把狮子、老虎画成壁画。也可以说，面对恐惧时，他们不但没有采取积极的态度，反而俯首下来，任凭宰割。

同样的道理，很多人有恐高症，站在高处往下看，就心惊肉跳。你问他有什么恐惧，他会说"害怕"。你再问："你不是站在很稳的地方吗，有什么好怕？"他可能说："我觉得自己会跳下去。"

不敢面对压力，或实在无法忍受压力的时候，就消极地逃避，甚至向那压力去靠拢、屈服。这是多么可悲的人性啊！连小孩子，都会用装病或弄伤自己，来博取大人的同情。连成人都会因为不敢面对工作压力，而装病不上班。他们哪儿知道，如同面对大气压力，最好的方法，是由体内产生相对的压力，使它两相抵消，觉得轻松。

曾读过两个人的报道，都谈到压力。

一位是二十世纪八十年代，以十七岁的年纪，勇夺温布尔登网球大赛冠军的德国网球好手贝克。他说如果时光倒流，他真希望当年输掉那场温布尔登赛。因为自从他拿了冠军，大家对他的要求愈来愈高。只要一场失利，就嘘声四起。贝克感慨万千地说大家好像只记得他是温布尔登的冠军，却忘了他还是个青少年。

另外一位，是伟大的音乐家伯恩斯坦，他曾经对一群年轻的音乐家说："你们要想成为伟大的音乐家，不仅在于你多么勤苦地练习，更要看你走上台，面对观众的强大压力时，是不是能一下子把所有的恐惧与犹豫全甩到一边。由内心产生一种特殊的力量，一种不信你办不到的力量。那力量，使你成为大师！"各位朋友，压力有着非常特殊的滋味，如同云霄飞车，你可以转身离开，去玩简单的，也能硬着头皮坐上去，再在尖叫之后轻松地离开。

如果人生像游乐场，你打算怎么做？

谈心态：凡事都往好处想

　　"正面思考"使我们在处境最坏的时候，能
往好处想。它使我们学会宽恕、学会感恩。带我
们度过最艰苦的岁月，且与每个身经苦难的人，
结合得更紧密。

　　在朋友家看电视新闻，播出号称亚洲第二大的高雄科学工艺博
物馆，为了教育的目的，特别设置了许多科学玩具，让参观的孩子
能在游戏中学习。

　　只是才开放一天，惊人的事就发生了，许多科学玩具居然被孩
子们弄坏，害得博物馆不得不连夜修理。但是才修好，第二天又坏
了一堆。

　　"真不像话啊！"主人骂道，"台湾的小孩太没教养了！"

　　大家都附和，说师长该挨骂，孩子该挨打。

　　我却不以为然地说：

　　"那些游戏不是设计给孩子玩的吗？首先博物馆应该高兴，有

那么多孩子去玩，表示家长愿意带、孩子又爱去。想想三十年前的孩子，就算去，也怯生生的，不敢碰这个，不敢碰那个，哪儿像今天的孩子这么活泼？孩子活泼、尽情地玩，难免玩坏东西，这是可以想到的嘛！"看大家都把眼睛瞪得好大，我又说："在佛罗里达的迪斯尼 EPCOT 中心，有一大堆科学玩具，任来自世界各地的游客狠狠地摇、用力地打、拼命地踩，我去过许多次，却没见过哪样被玩坏了。所以东西坏了，固然可能因为孩子太皮，但是大人也要检讨，是不是在设计上没考虑到孩子的玩法。"最后我强调："我不信，跟世界上其他孩子比，我们的孩子最顽皮。他们不是皮，是活泼，代表下一代有活力、民族有希望。"

这番话居然引来一屋子的掌声。好几个人问：

"奇怪，你为什么想的角度跟我们不一样呢？"

"很简单。"我说，"用正面思考！"

其实我过去也喜欢"负面思考"，这"正面思考"是二十多年来慢慢学会的。

记得二十年前，我在一本宗教杂志上看到的一句话——

当针扎到手指的时候，要想：幸亏是扎到手，没扎到眼睛。

我当时就心一惊，觉得那想法真好。接着，去一位长辈家，见她正安慰向来考第一，那天却因为拿第二名而哭泣的孙女。

"想想，你以前拿第一名的感觉多好，你也应该让别的小朋友感觉一下，你该为今天拿第一的小朋友高兴啊！"

我的心又一惊，想："哪个家长不盼孩子考第一，这位奶奶的心怎么那样宽，真不简单！"

　　接着，我到了美国，洋人用"正面思考"的就更多了。

　　有个同事的太太，中年以后身体一天不如一天，虽然退休在家，还总是生病。

　　妙的是，我那同事一提起他太太又病了，就附加一句"感谢上帝"。

　　"你太太病了，你为什么还谢上帝？"有一天，我实在憋不住地问他。

　　"我当然感谢上帝。"他一笑，"谢谢它让我有份好工作，使我太太不用上班；也谢谢它使我健康，好照顾我多病的老婆。"

　　还有位朋友，深度近视，最近动手术，用激光烧灼的方法修正。

　　按说是成功率很高的手术，她却因为眼球太凹，一只成功，一只失败了。

　　好多人知道，都安慰她。她却笑嘻嘻地说：

　　"能有一只成功，多好啊！以后半夜起床，不怕抓不到眼镜，一片模模糊糊了。"

　　就这样，我渐渐学会"正面思考"。

　　当我去年食物中毒被救护车送进医院，我一边上吐下泻，一边想："又多个生活体验，又多个写作题材。"

　　当我在北京胆囊发炎，一下子瘦了一公斤半时，我对朋友说："瘦了也好，瘦了照相比较好看，而且比较敢吃甜食。"

　　当我最近在台中马路上摔一跤，把我在瑞士新买的鞋子摔成"开口笑"的时候，我告诉自己：

"幸亏这是一双结实的新鞋子，不然我一定止不住脚，非摔断骨头不可。"

"我已经是多么会正面思考的人了啊！"我想。可是接着看到去年（1997 年）十二月四号 TVBS 播出南非"武官"卓懋祺一家人的专访，我又自叹不如了。

经历陈进兴挟持，且受到枪伤的卓懋祺很平静地说：

"这次能脱险，不是全靠我们一家人的力量，像侯友宜就冒了生命的危险。"又说："我会记住，我们一家因此而更亲密，这个经验带给我们正面的影响。"卓懋祺居然还特别提到他远在南非的女儿荷兰娜，说："她非常担心，她最勇敢，因为她必须自己镇静地搜集资料。"

当许多人都心想"卓懋祺的这个女儿不在台湾，真走运"的时候，卓懋祺居然说：

"这段时间，对她而言，是最难熬的。"

自己身处险境，还能挂心远方的亲人，这是何等的境界！

使我想起电影《天才老爹》的主角比尔·科斯比，当他的独子在一九九七年一月十六日被人枪杀之后所说的话——

我们的心与所有曾遭遇不幸的家庭在一起，要分享这样的经验，真是不容易。

"正面思考"使我们在处境最坏的时候，能往好处想。它使我们学会宽恕、学会感恩。带我们度过最艰苦的岁月，且与每个身经苦难的人，结合得更紧密。

谈放下：和忧郁做朋友

我们脑里好像有条河，许多忧愁的人到河边等着过河，"血清素"则好像载人过河的渡船。当"血清素"多的时候，那些忧愁的人很快就渡过了。而当"血清素"不足，河边则挤满了忧愁的"待渡者"，这种人一多，忧郁症就来了。

昨天深夜，我听见楼上传来重重一声，以为你掉落了什么东西，但连着又传来几声，接着你妈妈就上楼了，而且一去就是半个钟头。

最近夜里你常闹脾气，你妈妈总得上楼做"精神讲话"，而且每次下楼必定怨我，说我遗传给你，你跟我年轻时一样，到了晚上就抱怨当天的事情做得不够多，或莫名其妙地不开心。

她把你闹情绪怪到我头上，我百分之百接受！因为我直到今天都一样，常常到了夜里十一点钟就心不安，觉得好多事没做完，产生莫名的恐慌。

但这有什么不好呢？我发觉许多像我这样，总怨自己没做好这样、没弄好那样的"完美主义者"，虽然过得辛苦，却能有不错的成就。

话说回来，当你想把每件事都做得十全十美，当然会透支，也当然会焦虑。记得有一阵子我说我有忧郁症，你妈妈说那哪算忧郁症，又说她早问过精神科的医生，医生说事情太多而有躁郁是当然的。我的工作这么重，换作哪个人都一样。相反，碰到大事，却若无其事，倒可能有问题了。

你今年有一堆考试，加上担任校刊主编、参加交响乐团，还得为歌剧伴奏，当然会焦虑。你怎不想想，自己能扛下那么多重任，是一种光荣呢！

我是过来人，也了解青少年忧郁的表现。不久之前我还在《读者文摘》里读到，上海和香港的青少年，曾有自杀想法的有百分之十一点三和十一点二。台北的更可怕，居然高达百分之二十七点七。

青少年为什么会有自杀的念头？那不一定因为功课压力，而因为青少年正处于离开父母、出外独立的"转换期"，生怕自己没有能力面对未来，并且开始想人为什么活着，到这个世上来有什么意思。

所以青少年常爱算命，想预知自己的未来；也有不少人小时不信教，到了青少年期，却勤跑教堂。

我在青少年时期也一样，甚至喜欢一个人独自到深山里，坐在溪间的大石头上写文章。那时我最爱去乌来的"云仙乐园"，听见园里播出流行歌曲《蓝色的梦》，心头就浮上蓝色的哀愁。所以我少年时特别喜欢古人"少年听雨歌楼上""为赋新词强说愁"和"念天地之悠悠，独怆然而涕下"的诗句。

我也欣赏诺贝尔文学奖得主、日本作家川端康成的《伊豆舞女》，觉得从书中那个体弱少年的身上，好像见到自己。

当然，多愁善感也可能是天生的气质。近年的医学研究，更发现那气质常因为"血清素（serotonin）"的不足。

我们脑里好像有条河，许多忧愁的人到河边等着过河，"血清素"则好像载人过河的渡船。当"血清素"多的时候，那些忧愁的人很快就渡过了。而当"血清素"不足，河边则挤满了忧愁的"待渡者"，这种人一多，忧郁症就来了。

也可以说，同样烦心的事，有些人一下子就过去了，有些人却挂在心上久久不去。后者尤其到了晚上，可能一整天的事都会浮上脑海——"我是不是白天又讲错话了？""某人那句话是不是专对着我？""我今天的考试，原来认为表现不错，但会不会填错格子，或没看清楚题目？"

因为"血清素"不够，那河边一堆"忧愁者"，你一言、我一语地吵闹。有些人甚至因此失眠，或产生"强迫症"——也就是明明不愿去想，却非想不可；明明出门时把炉子、窗子都关好了，离家之后却又不放心，非要回去检查不可。

无可否认，这些情况严重起来，都算是一种精神病，但是毛病有轻有重，重的固然应该吃药，轻的却是一种"人格的特质"。如果你发挥这特质，反而能因为常常检讨而减少失误、因为追求完美而精益求精。所以古往今来，不知多少伟大的艺术家、文学家、政治家，都有忧郁症的现象。

不久前，我去医院看眼睛，先放大瞳孔，再检查眼底，医生说我的飞蚊症不致恶化，也没办法改进。我临走，他还幽我一默：

"那不是早就存在了吗？不理它、别管它、忽略它。如果还总觉得它在眼前晃，干脆就跟它做朋友。"

　　医生讲得多好啊！很多毛病，如果难治疗，又没有严重到该吃药，就跟它做朋友吧！甚至感谢上天，给你与生俱来的忧郁特质，使你能"先天下之忧而忧"。

　　记得我像你这么大时，常因为忧郁而失眠，但是有一天读到晋代阮籍的诗："夜中不能寐，起坐独鸣琴。薄帷鉴明月，清风吹我襟。孤鸿号外野，翔鸟鸣北林。徘徊何所见，忧思伤我心。"

　　我一下子想开了：多好的一首诗啊！没错，阮籍失眠了，他可能有忧郁症，但他泰然面对，睡不着大不了不睡，起来弹琴作首诗吧！

　　阮籍不是在失眠夜、伤心夜，写出了这首能传诵千古的作品吗？

谈勇气：年轻人有探索的权利

许多名校的研究生，也被要求先有工作经验，再去申请就读。因为求学不应该只为文凭，而应该为了实现人生的理想。

最近在台湾地区因为所谓"洗钱疑案"，有个非常小的欧洲国家列支敦士登，一下子红了起来。多年前我曾经跟我太太去过那个不到一百六十平方公里的小国，但是今天提到列支敦士登，浮上我脑海的不是阿尔卑斯山和莱茵河的景色，或山头上的皇宫，而是一家餐馆。

记得当天，我和太太在那儿吃午餐，跑前跑后的服务生居然是两个东方的年轻人。我问他们是不是住在当地很久了，两个人笑笑，说不过半个月。因为骑自行车在欧洲各地旅行，没钱了，正好是暑假旺季，这家餐馆缺人，就留下来打工，赚够了盘缠再继续走。还说有好多来自世界各地的年轻人，都这样自助旅行。

其实何止在欧洲，年轻人早就在世界各地穿梭，过去达尔文如果不是得到机会，在二十二岁那年上了"比格尔"号，到世界各地观察不同的物种，不可能研究出"进化论"。今天，这个月你可能在北京的街头，看见来自欧美的几个背包族，下个月可能在云南的丽江，又见到他们的身影。再过几天，他们摸到了香格里拉，又过不久去了西双版纳。你会惊见愈来愈多金头发蓝眼睛的人，能说一口漂亮的京片子；也可能在挪威奥斯陆看见一群说普通话的中国面孔，原来他们是从温州移民到奥斯陆。今天在上海的外滩顶级西餐厅里，掌勺的可能是法国米其林的三星名厨，在台北意大利餐馆为你介绍奶酪的，是曾经留学上海的意大利的学生。更进一步，你可能发现，在台北瑞士餐馆吃的小火锅，是由留学瑞士的台湾人做的，那味道即使是瑞士人，都得竖起大拇指。你也可能发现前两年的背包族学生，突然摇身一变，变成提公文包的贸易商，上个月才把中国的蚕丝运到法国，这个月又把在法国织染好的东西送去意大利，只怕再过几个月，又把做好的名牌时装，运到了中国。

记得三十年前，我初次去挪威，住在奥斯陆的格兰酒店，早晨被外头孩子吵醒，就听见好多孩子的跑步声，又笑又叫，突然让我觉得好像一下子回到了中国，才发觉原来全世界孩子叫声其实是那么相似。

早期我去外国，总不习惯当地的食物，现在旅行久了，渐渐觉得其实所有的食物都是人的食物，用人类一样的味蕾，不带主观地品尝，自然能够得到其中的滋味。

到世界各地旅行，我还看到个有意思的现象，就是由一个地区到另外一个地区，人们皮肤的颜色是慢慢变化的。譬如这个地区白，那个地区黑，中间就是褐色。即使一黑一白两个地区总打仗，好像是世仇，在他们中间地区的人，也像把巧克力加进牛奶里，成为巧克力牛奶的颜色。于是我猜，八成打归打，世仇归世仇，年轻男女间的恋爱，好像罗密欧与朱丽叶，总是偷偷地发生。

几乎所有的生物，都有个本能，就是往远处发展。你瞧，蒲公英种子为什么撑起小伞，跟着风一起去旅行？枫树的果子为什么好像长了翅膀，在空中滑翔？凤仙花的蒴果，为什么成熟时会爆炸得四处都是？如果人类起源于非洲，为什么后来散布在全世界？他们多会跑啊！由非洲到两河流域，往西去了欧洲，往东去了中亚、印度、中南半岛，往南下了马来西亚、印度尼西亚，去了澳大利亚、新西兰和新几内亚，说不定还渡海去了复活节岛。至于去了东北亚的，又有些渡过白令海峡，到了阿拉斯加，再往南去了北美、中美、南美，也说不定跑去了复活节岛。复活节岛上用的一种工具"有段石锛"，又可能跟浙江的良渚和河姆渡文化有关。连玛雅文明，都可能跟中国有关。

这世界大吗？国与国、人与人、民族与民族的差异大吗？有解不开的仇恨吗？

我曾提到一个唇腭裂的女生，现在成为纽约著名医院的耳鼻喉科医生。但是我没有提，她由常青藤盟校的哥伦比亚大学毕业之后，曾经在林肯中心音乐厅带位。我也说过一个叛逆的女生，在大学被开除，现在是法律研究所的高才生，她中间有一段时间是在长江游轮上端盘子、扫厕所。而我的儿子，在拿到哈佛心理学硕士之后，没先通知我一声，就到阿拉斯加北极圈边上的一个小城，帮朋友盖房子。今天早上，我翻开报纸，看到我少年时候的老朋友，"焦唐会谈"代表台湾地区的焦仁和，他的儿子拿到国外名校法律外交的双硕士，现在致力于音乐。他们都先探索所有的可能、为自己的人生定位，再决定未来的路线。

许多名校的研究生，也被要求先有工作经验，再去申请就读。因为求学不应该只为文凭，而应该为了实现人生的理想。如同修教育学分只为找个教书的工作，和教书之后再去修教育学分，中间有很大差异。

新新人类的生命比上一代长多了，这个世界又变得小多了，再因为科技的日新月异，每个人一生中有更多转换工作的机会。这几个条件加在一起，使得年轻人可以利用他们较长的人生，做更多的摸索和选择。

当全球的年轻人都在世界各地穿梭，把整个地球当作自己的舞台；当过去的人类留下遥远的足迹，翻山涉水到地球的每个角落；当我们的航天员已经漫步太空，向别的星球探索的时候，我们还能把孩子放在只知道考试跟升学的小框框里面吗？

孩子要用功、要考好学校，没错！但是在这个多元的世界，要有多元的价值观。记忆不等于学问，聪明不等于智慧，知识不等于见识，智商不等于情商，成绩不等于成功。中国是古国，不是老国！

教育新新人类，需要新新的观念、视野与胸怀。

谈毅力：人生的"二枚腰"

> "二枚腰"是临危不乱的人。"二枚腰"是
> 永不放弃的人。"二枚腰"是向敌人、向自己、
> 向不可能挑战的人。

从二十多年前，我的心中就常常浮现一个词——"二枚腰"。

那是我在一九七三年，第十二届"日本围棋名人赛"的新闻报道中学到的。

拥有"名人"头衔的林海峰，接受号称"围棋电脑"石田芳夫的挑战。

才拿下"本因坊"头衔的石田芳夫，从一开始就气势如虹，连胜三局，眼看只要再胜一局就能抢下"名人"，日本的棋评家都说林海峰气数已尽，不可能翻身了。

孰料，此后第四局、五局、六局、七局，他居然连胜四局，保住了"名人"的头衔。

面对这日本棋史上少有的奇迹，棋评家开始为自己原来的"错

估"找借口，说林海峰有一种特殊的韧性，也就是愈挫愈勇、忍着不死。然后，他们给林海峰一个很特别的形容词——"二枚腰"，也就是当他被腰斩之后，因为有第二个腰，所以非但死里逃生，且能反败为胜。

十年之后，也就是一九八三年，沉潜已久的林海峰挑战棋艺如日中天的赵治勋，林海峰又在三连败，被棋评家认定将"四败"的时候，再连胜了四局，抢下"本因坊"的头衔，也更肯定了他"二枚腰"的美誉。

反败为胜

二十多年来，我常想"二枚腰"。如果那"腰"指的是"肾"，我们每个人不都可以是"二枚腰"吗？

我也常在运动比赛时，注意那些有特殊韧性的人。像是一九八六年，美国纽约大都会队（Mets）对波士顿红袜队（Red Sox）的比赛。已经输三场的大都会队，在第四场最后一局，两好球、两出局、无人在垒、比数落后。红袜队已经准备开香槟庆祝，居然"二枚腰"出现，大都会死里逃生，反以六比五赢得那场比赛，获得世界杯的冠军。

更记得华裔网球名将张德培，一九八九年在法国公开赛，和艾柏格的那场决赛。艾柏格在第二、三局，以六比三、六比四连下两局，场边评论员开始判定经验不足的张德培可能无力翻身，张德培却发挥了"二枚腰"的精神，连着扳回两局，成为法国网球公开赛有史以来，最年轻的冠军。

可以输掉生命，不能输掉人生

一九九六年，在奥运会的摔跤赛上，我看到一个感人的画面。因为癌症而切除脾脏，正接受放射治疗的选手布雷尼克，不但坚持上场，而且一路获胜。

最后一局比赛，布雷尼克已经领先一分，他只要守住，不让对方得分，就赢定了。但是布雷尼克依然采取攻势，硬是令对手单膝着地，得到了奥运金牌。

事后记者访问布雷尼克何必这么拼，他只淡淡一笑说："在人生的战场上，我们对死神的战斗迟早得输，我可以输掉生命，但不能输掉人生。即使在死亡的边缘，我仍然要勇往直前。"

在雨中歌唱

最近我在"好莱坞电影回顾"的专题报道上，有了个惊人的发现。

节目中放出几十年来好莱坞最著名的电影片段，当然包括了金·凯利（Gene Kelly）的经典之作《雨中曲》（*Singing in the Rain*）——

金·凯利拿着雨伞，在雨中舞蹈，愈跳愈兴奋，居然把伞收起来，就在滂沱的大雨中，跳上、跳下、跑前、跑后地歌舞起来。

他舞得那么快乐，唱得那么开心，脚步那么轻盈、笑容那么灿烂，一举手、一投足，都是那么应和节拍又浑然天成，怪不得能成为好莱坞的代表之作，连世界三大男高音在洛杉矶演唱时，都唱了那首《雨中曲》。

可是，你相信吗？金·凯利说当他拍这一段时，因为感冒，正发着三十九度的高烧。

人人都有"二枚腰"

在人生的战场上，我一次又一次看见"二枚腰"。在仿佛已经输定的情况下，做死里求生的奋力一搏。加上这时已经自认必胜的对手疏于戒备，居然能后来居上，反败为胜。

"二枚腰"是临危不乱的人。

"二枚腰"是永不放弃的人。

"二枚腰"是向敌人、向自己、向不可能挑战的人。

各位年轻朋友：

初次上场时，你很可能因为紧张而表现不佳。这时候你只有两条路可走——兵败如山倒地输掉，或定下心，发挥"二枚腰"的精神。

当有一天，你成为老手，面对来势汹汹的挑战，你也只有两条路走——投降认输、从此退休，或以多年的经验和年老的持重，再一次成为"二枚腰"。

每个人都能成为人生的"二枚腰"。

谈乐观：能笑且笑过一生

比起那些由"不敢笑"，到"不能笑"的许多人，能笑几声，哈哈哈，管他是真是假，不都是一种幸福！

母亲的胆囊发炎，虽然吃药控制住了，却整天捂着肚子，坐在椅子上发愣，连我说笑话，她也板个脸。

"你为什么都不笑呢？"我问。

"我不是不笑。"她嘴角挑一挑，"是不敢笑啊！一笑就疼。"

她这话，使我一下子飞到四十年前，父亲病的时候，她也叮嘱我，别逗父亲笑。

"让爸爸开心，有什么不好？"我不懂地问。

"开心可以，但不能笑。大手术，还没长好，一笑伤口就裂了。"

躺在床上的父亲点点头，对我挤出一丝苦笑。

也想起三毛，过世前一年，听说她因为从楼梯上摔下来，断了肋骨，我去荣总看她。

她没化妆，拉着被单遮脸，一边怨我不先通知就去，一边怪我总是说笑话，害她笑一下，肋骨就疼一下。

最近和杏林子聊天，她也说：

"刘墉真坏，老说笑话，害我笑。"

长久的类风湿关节炎，侵蚀了她的全身，手脚变了形、身体变了形，连上下颌的关节，也因为萎缩而压迫了食道和气管。她的声音很美，可是现在没办法大声说，说也说不久。她过去也很爱笑，而今却怪我逗她笑，害她咳嗽。

所幸她的心还是那么喜乐，用嘴角轻轻对人笑。

其实我在二十多年前，也受过"笑的苦"。

一天，正作画，有位老同学来访。坐在旁边的椅子上，一面看我挥毫，一面说他的近况。

"我到屈尺去，看那边的溪水好清澈，就一个人，脱光了，下去游泳。"很有文艺才华的他，非常细腻地形容了四周的湖光山色，述说他怎么试探溪水的温度，感受沁心的凉爽，到忘我地漂浮其间。尤其当他形容日光照下来，透过他拨水的手指间，把他的身影映在溪底，更是美极了。

"我漂着、漂着，看着自己的影子，觉得自己好像……好像……"他沉醉在回忆里。

"好像什么？"我停下笔，问他。

他看看我，似乎还在回忆中，突然抬头，说："好像一只大乌龟。"

我做梦也想不到他那么美的形容，到头来竟像只大乌龟，于是笑了起来。

"你笑什么？"他一副正经八百、十分不解的表情，惹得我更笑弯了腰，而且由向外呼气的笑，到往里吸气的"抽笑"。

当天夜里，我的气喘病复发，紧急住进了医院。

从那以后，即使听到很好笑的事，我也忍着，尽量在大笑几声之后结束，绝不发出"抽气式的笑"。

"笑，有时候真不容易。"

最近一位新闻界的老朋友对我一边说，一边摘下她的老花眼镜，又掏出面纸，蘸蘸左眼角，再蘸蘸右眼角，叹口气："唉……一笑就流眼泪。"

她走了，我随手翻书，翻到野口悠纪雄的《超学习法》，其中有一段说："像赫塞或罗曼·罗兰的作品，如果没有高中生丰富的感受力是读不来的。"又说，他希望退休之后，能重读一次高中时看的书。只是相信已经不可能唤起年轻时的感动。

合上书，我想，"笑"或许也如此吧！

记得年轻的时候，最爱听黄色笑话，甚至在军中还有讲荤笑话的比赛，大家运足了丹田之气，放肆地大笑。

然后，进入社会，尤其在跑新闻的那段时间，截稿前，明明忙死了，却常有人停下笔，说个笑话。

管他好不好笑，办公室里都会发出一团笑。而且愈累，笑得愈大声。似乎用那笑，作为一种深呼吸的运动。

再过了二十年。我开始喜欢看古代笑话，在文言文的句读间，找寻古人辛辣的幽默，且把那幽默带上应酬的餐桌。

一桌老友，都有意气风发的当年，也都带来拿手的笑话，你一段，我一段，谁也不让谁。

有人会一边听一边拿笔记，说要回家讲给老伴听。

也有人口沫横飞，说的却是不久前才对同一批朋友讲过的笑话。

大家一样听，一样笑，一样掏出面纸，擦眼角不听使唤流出的泪水。

我想，不同年龄爱不一样的笑话；同样的笑话，不同年龄听起来，是否也有不一样的感觉。就像这群老朋友，由笑"人生的现象"，到笑"人生的无奈"。

常想起小时候的一位长辈，很爱打麻将，却总输，有一天和了牌自摸，且居然是清一色自摸，发出少有的开怀大笑。

在笑声中，慢慢滑下椅子，死了。

自那事情发生后，常听大人提起，好像说一个悲剧，又像说一则笑话。

每次大家都哈哈笑几声，听不出是高兴还是应付。只是现在回想起来，哪个笑话里没有自己的影子？哪个笑话的背后，没有这种人生的讽刺？

想想那笑着滑下椅子的老人，断气之前，还能大笑几声，岂不是喜剧的结束？比起那些由"不敢笑"到"不能笑"的许多人，能笑几声，哈哈哈，管他是真是假，不都是一种幸福！

成长记录

成长记录

成长记录

成长记录

成长记录

成长记录

成长记录

成长记录

成长记录

成长记录

刘墉寄语：成长比成功更重要
Growing up is more important than success

成长记录

成长记录

成长记录

成长记录

刘墉寄语：成长比成功更重要

Growing up is more important than success

成长记录

成长记录

成长记录

成长记录

_____

_____

_____

_____

_____

_____

_____

_____

_____

_____

_____

刘墉寄语：成长比成功更重要

Growing up is more important than success

成长记录

成长记录

成长记录

成长记录

刘墉寄语：成长比成功更重要
Growing up is more important than success

成长记录

成长记录

成长记录

成长记录

刘墉寄语：成长比成功更重要

Growing up is more important than success

成长记录

成长记录

刘墉寄语：成长比成功更重要

Growing up is more important than success

成长记录

成长记录

成长记录

成长记录